The Canvas
and other stories

by Salomea Perl

a bilingual Yiddish/English edition

Translated by
Ruth Murphy

❁ YIDDISH REDISCOVERIES ❁

Ben Yehuda Press
Teaneck, New Jersey

Published by Ben Yehuda Press
122 Ayers Court #1B
Teaneck, NJ 07666

http://www.BenYehudaPress.com

To subscribe to our monthly book club and support independent Jewish publishing, visit https://www.patreon.com/BenYehudaPress

Ben Yehuda Press books may be purchased at a discount by synagogues, book clubs, and other institutions buying in bulk. For information, please email markets@BenYehudaPress.com

Permissions and Acknowledgements:

A modified version of "Tsipke" is published on the Yiddish
Book Center website, *Yiddish in Translation*.

All seven of the English translations were published in *Metamorphoses, the journal of the five-college faculty seminar for literary translation*, Fall 2019 Volume 27, Issue 2.

An earlier version of the introduction "Salomea Perl and Yiddish Fiction by Women," written by Professor Justin Cammy, is reprinted with permission from *Metamorphoses: The Journal of the Five-College Faculty Seminar for Literary Translation*, Fall 2019 Volume 27, Issue 2.

Set in Arno Pro by Raphaël Freeman MISTD, Renana Typesetting
(except for this page set in Caslon Pro by the publisher)

Cover illustration by Derrick Brimsy

ISBN13 978-1-934730-12-6

20 21 22 / 10 9 8 7 6 5 4 3 2 1   20201128

The Canvas
and
Other Stories

BY

Salomea Perl

TRANSLATED BY

Ruth Murphy
In English–Yiddish Format

Dedicated to Salomea Perl – perhaps someday we will meet in The World To Come, and I will be able to thank you for these stories.

געווידמעט סאַלאָמעאַ פּערלען - אפֿשר וועלן מיר זיך אַ מאָל טרעפֿן אויפֿן עולם־האמת, און איך וועל קענען אײַך דאַנקען פֿאַר אָט די מעשׂיות.

TRANSLATOR'S NOTES:

While I have presented Perl's Yiddish texts primarily in a modernized YIVO Yiddish, I have preserved Perl's original paragraph structures and dialectal characteristics. These include variations of preposition-definite article contractions (e.g., "צון" rather than "צום"), name spellings (e.g., "לייב׳ל" rather than "לייבל"), and non-standard grammar (e.g., "בײַ די האָר" rather than "בײַ דער האָר"). These characteristics are by no means consistent throughout all of the stories, but tend to vary from one tale to the next.

Preface

Many people helped bring this book to fruition, and I wish to express my gratitude to them all. I especially thank Catherine Madsen for the editing, the good advice, and for always believing in me. Also special thanks to Dr. Lyudmila Sholokhova, who found the last two Perl stories for me when no else could, and for always treating me with such unfailing kindness. Thank you to Professor Justin Cammy for the insightful introduction and being such a good friend, to Esther Sperling for her editing help, to Professor Thalia Pandiri for all her support and for seeing the value of these stories, and to my publisher, Larry Yudelson of Ben Yehuda Press, for being such a great person to work with.

Thank you so much to my family: my husband, Jon; my son Rory and my daughter-in-law Lindsay; my three amazing granddaughters Kathryn, Aubrey and Finley; and of course my cats – Oyskuk, Khonen, Bashe, and all those no longer with me o"h.

Contents

Introduction

SALOMEA PERL AND YIDDISH FICTION BY WOMEN
By Justin Cammy

"Don't think that I've always been a merchant-woman. My husband, may he live and be well, was once a well-off, wealthy man..." So begins "The Canvas" (1910), Salomea Perl's last published Yiddish story, with a voice that is at once conversational, anxious, and defensive. The reader soon learns that Perl's narrator is childless, a theme that reappears in several of her stories as a way to address the broader crisis of continuity that consumed Polish Jewry on the cusp of modernization. That her narrator is also the younger partner in an arranged marriage to a widower she did not desire adds to the tale's critique of a traditional Jewish world in which the dreams of women (and men) are stifled by communal expectations and the gendered norms of traditional society. Perl's stories are intimate psychological portraits and socio-economic sketches of a time where one's fate, especially as a woman, was determined through marriage. Yet "The Canvas" can also be read as a story about the birth of the woman artist in a world controlled by men. Though the narrator claims she was silent when it came to her ability to resist an arranged marriage, she confesses her rare talent as an embroiderer. Though "in my house I felt like a stranger, like a prisoner, like someone bought and sold," when in a room of her own "what the eye saw, the hand soon reproduced... I understood how to select colors as does a painter; under my hands the canvas became alive..." Perhaps Perl's narrator, at once silenced by the market forces of marriage but creatively productive when left to herself (her embroidered curtain for the ark containing the Torah scrolls was proudly displayed in the synagogue) is symptomatic of the broader fate of Yiddish women writers, not only in her own time but even, until very recently, in translation.

Not much is known about Salomea Perl (1869–1916), save for brief entries in two major lexicons of Yiddish literature.[1] She was born in the town of Łomża (now Poland) and raised in the larger city of Lublin, where Jews constituted almost half the population. Her father, Kalman-Avigdor Perla, was a Hebraist and *maskil* (an adherent of the Jewish enlightenment), best known for his book *Oytser loshn khakhomim* (*A Treasury of Rabbinic Sayings*, 1900). As was common in Yiddish-language biographical dictionaries, no information was provided about her mother. Perl attended a privately-run *maskilic* school in Lublin, and then completed her studies at the University of Geneva, in addition to studies in Paris and London. Though some fin-de-siècle Polish Jewish women enrolled in European universities (mainly those living in larger cities whose families were already acculturated into Polish society and had the means to support them) it was less usual to travel abroad for studies. Most Polish Jewish women still led relatively traditional lives in Poland's small Jewish market towns (*shtetlekh*) or found themselves part of an increasingly politicized urban working class. When Salomea Perl finally settled in Warsaw, she was adept enough in languages to support herself professionally as a translator, a skill that might explain her creative ability to interpret the small-town Jewish experiences of her childhood even though she was already at a remove from that world. Though Warsaw was the largest Jewish city in Europe and a major center for the development and dissemination of modern Yiddish literature and the Yiddish press, Perl's fictional debut was not in Yiddish but in the Polish-language Jewish magazine *Izraelita*, where installments of her *Z pamiętnika młodej żydówki* (*From the Diary of a Young Jewish Woman*, later published in book form in 1895) and "Lea" appeared. The Polish literary scholar and critic Piotr Chmielowski also published her story "Wiezien" (Prisoner)

---

1. Zalmen Reyzin, *Leksikon fun der yidisher literatur, prese, un filologye*, v. 2 (Vilne, 1929), 932–933; *Leksikon fun der nayer yidisher literatur*, v. 7 (New York, 1968), 184–185.

in his journal *Ateneum*. It was not unusual for Yiddish writers to first try their hand in other languages that were deemed to hold more status (Polish, Russian, or Hebrew) before finding their way back to Yiddish, and Yiddish literature is punctuated by writers who wrote at different points in their careers in more than one language. Y. L. Peretz, the Yiddish prose master and essayist who would go on to be acknowledged as one of the founders of modern Yiddish literature, was undoubtedly familiar with her Polish writing. The early 1890s were known as Peretz's radical period, marked by stinging critiques of traditional Jewish ways of thinking and social structures. Part of this critique included his taking up the cause of women in such stories as "Mendl Braynes" (1891) and "A Woman's Rage" (1893). Perl's interest in situating her art amidst Jewish poverty where she might challenge sentimental myths of Jewish family and social life, and the psychological realism of her stories must have impressed Peretz, who invited Salomea Perl to contribute to his journal *Yontev bletlekh* (Holiday Pages). Three of her stories ("Childless," "Seeking Bread," and "The Theater") appeared in the pages of Peretz's self-styled radical magazine in 1895/1896. Though Peretz made it his business to encourage younger writers to publish in Yiddish in order to expand the breadth of this young literature, he could also break a writer's career. A disagreement with Peretz, combined with trouble in Perl's personal life and illness, significantly stymied her publication in the years that followed. Over the next decade-and-a-half only four more stories appeared in the Warsaw Yiddish press in the literary biweekly *Der yud* ("Potki with the Eyebrows," 1901), in the Jewish affairs weekly *Yudishe folks-tsaytung* ("Khaykl Latnik," 1903), in the periodical *Der fraynd* ("Tsipke," 1903), and in *Der shtral* ("The Canvas," 1910).

The publication of Salomea Perl between 1895–1910 was part of a growing (but still relatively limited) trend among the male gatekeepers of Yiddish literature to provide room to women writers in the Yiddish press and miscellanies. Stories by women were a way to advertise the progressive credentials of male editors and their publications, open their pages to new perspectives, and potentially enlarge their readerships. For instance, Mordkhe Spektor's literary miscellany *Der hoyz-fraynt* (*The Home Companion*) published three women writers (including his first wife Beyle Fridberg, who wrote under the pseud-onym Izabella) beginning in 1888. When Spektor published Salomea Perl in the *Yudishe folks-tsaytung* (*The Jewish People's Newspaper*) in 1903 it also included a new section on "The World of Women" which focused on practical advice. *Der yud* (*The Jew*) published three short stories by Rokhl Brokhes in 1899 and 1901, in addition to one by Perl in 1901. Yente Serdatzky's first short story appeared in Warsaw's *Der veg* (The Path) in 1905. Several years before inviting Salomea Perl to contribute to his *Yontev bletlekh*, Peretz published a novella by Izabella in 1901 in his literary miscellany *Di yidishe bibliotek* (*The Jewish Library*). Perl was thus part of an opportune moment in which the growth of Yiddish newspapers and journals expanded opportunities for women writers.[2] However, since men were far more likely than women to have the time to devote to their professional development, released as they were from the social expectations of domestic responsibility and motherhood, fewer women writers managed to collect their stories into published volumes or had the time to devote to longer works of fiction, such as the novel. Most of their writing would remain in the pages of the Yiddish press, much less accessible to future generations of Yiddish readers and its eventual translators.

It is also worth remembering that the same small group of editors who published Perl were themselves navigating their own internalized stigmas about the relationship between Yiddish and femininity that could potentially threaten the status of this emerging literature. If Yid-dish literature was meant to serve as evidence that the Jews possessed a modern national culture deserving of respect, a psychosexual fear of emasculation undoubtedly led them to keep women writers from garnering too much influence, lest their own reputations as writers fall into disrepute. For instance, S. Y. Abramovitsh, one of the founders of modern Yiddish literature, confesses in the late 1880s in "Notes

---

2. See Nurit Orchan, "Yiddish: Women's Participation in Eastern European Yiddish Press (1862–1903)." *Jewish Women: A Comprehensive Historical Encyclopedia* (online).

for My Literary Biography" to his initial shame when turning from Hebrew to Yiddish, which he called an "outcast woman" and "dejected daughter." Around the same time, Sholem Aleichem (whose Tevye monologues would become the inspiration for *Fiddler on the Roof* decades later) invented a genealogy for Yiddish literature that traced its origins back only to Abramovitsh as its "grandfather," completely marginalizing any possibility of matrilineal descent or acknowledgment of the relationship between several centuries of earlier Yiddish literature and women readers. Indeed, his most famous hero Tevye repeatedly insists that he is "not a woman" as he struggles to navigate the challenges of his independent daughters. Perceptions of Yiddish as associated with femininity were deeply rooted and a source of considerable anxiety. Several of the historic names for Yiddish, including *mame-loshn* (mother-tongue), *Taytsh-loshn* (language of translation) and *Zhargon* (Jargon) continued to underscore Yiddish as a daily vernacular (rather than sacred tongue), as the language of the domestic sphere, and as something less than a fully realized language. Yiddish carried significantly less prestige than either Hebrew or Aramaic, the traditional languages of Jewish religious text, scholarship, and intellectualism that were considered the preserve of rabbis and their male students. Yiddish also lacked the classical roots of Hebrew, which itself was competing with Yiddish for recognition as the language of the Jewish people in an age of national awakening. Yiddish and Hebrew existed, as Naomi Seidman argues, within a sexual-linguistic system.[3] Indeed, when Yiddish literature first began to flourish in the early modern period, several of its best-selling books were specifically marketed to women readers. The *Brantshpigl* (*Burning Mirror*, 1596) was an ethical tract on how to live a virtuous existence; the *Mayse-bukh* (1602) was a collection of stories drawn from biblical and homiletic literature; and the *Tsene-rene* (1622), often called "The women's Bible," was a Yiddish adaptation and interpretation of the Hebrew Bible. Each of these texts was immensely popular and supported women

---

3. Naomi Seidman, *A Marriage Made in Heaven: The Sexual Politics of Hebrew and Yiddish* (Berkeley: University of California Press, 1997), 1.

in their spiritual lives. The same period also saw the emergence of *Tkhines*, supplicatory prayers written both by men and women, that developed a spiritual language for women navigating their religious obligations and experiences as Jewish women. (The publication in 1896 of Glückel of Hameln's Yiddish memoirs from 1691–1719 further solidified assumptions that the origins of Yiddish literature were deeply entangled with the experience of Jewish women.) That some early modern Yiddish texts also carried the note that they were intended "for women, or for men who are like women" contributed to a gendered reading of the origins of Yiddish literature as overly influenced by the needs of those who could not navigate complex religious texts or questions, except in translation. These assumptions ignored the fact that many other Yiddish works from this time (codexes, complete translations of Biblical books and epics, Yiddish translations of the high holiday prayer book or Passover Haggadah, collections of folktales and fables, knightly romances) were consumed eagerly both by women and men. When those writers attempting to build a modern Yiddish literature first came on the scene in the nineteenth century they had to contend with the fact that the market for Yiddish books had already socialized mass expectations to associate Yiddish with women readers, and in the latter half of the century sentimental penny-romances were among the most popular Yiddish books among the masses. Shortly before Salomea Perl's death, Shmuel Charney historicized this gendered interpretation of Yiddish literary origins in his essay "Yiddish Literature and the Woman Reader" (1913), suggesting that it needed to be neutralized lest it affect the reputation of the new, secular Yiddish literature going forward. By contrast, Arn Glants's "Culture and Woman" (1915) urged male writers to swallow their pride and recognize that Yiddish literature risked becoming overly monotonous and hyper-intellectual if it did not nurture more women's voices. Such arguments risked falling into essentialist readings of the function and nature of literature written by women, leading several later Yiddish writers to either resist the very category of woman writer (Kadya Molodovsky, "A Few Words About Women Poets," 1936) or dismiss its relative importance in their own artistic self-understanding, as when Chava Rosenfarb suggested that her alienation stemmed from her isolation as a post-Holocaust Yiddish writer: "I am not consciously aware of being [a woman] when I write; rather, I am conscious of being some kind of extrasexual, or bisexual creature. What mystifies me in human nature is precisely that which defies gender..."[4]

The publication here of all seven known stories by Salomea Perl is not only important because it marks the rediscovery of a forgotten Yiddish writer. It also allows us to consider her unsentimental portraits of a Jewish world in transition. Her stories reveal deep class divisions and the prevalence of Jewish poverty. She investigates how the religious values that guided everyday life often lacked compassion for lived experience. Perl explores the social and cultural ruptures caused by internal migration from small towns to big cities, and new manifestations of secular Jewish identity associated with modern life. At the same time, for every frayed relationship between a husband and wife or a daughter shunning her father, Perl's fiction also reveals unassuming acts of self-sacrifice and modesty. For every abandonment of religious obligation in favor of the seductions of the secular-modern world there remain those who are content to carry on lives of relative simplicity. For every Jew like the "Warsaw Zionist" Mendl, whose son was a "gobbler of non-Kosher food" and who paraded around town in his shorter fashionable gaberdine "like an actor in a Purim costume," there are those like Potki with the Eyebrows who preserves his dignity by refusing to tolerate the stinginess of those householders who would deny him his meager weekly wages earned by knocking on their wooden shutters to wake them for morning prayers. For every attempt to open up the mysteries of new culture-scapes now available to Jews ("The Theater") there is an ethnographic eye for the traditional geography of Jewish life in small towns "laid out like a hamantasch

---

4. Chava Rosenfarb, "Feminism and Yiddish Literature: A Personal Approach," in *Gender and Text in Modern Hebrew and Yiddish Literature,* eds. Naomi Sokoloff, Anne Lapidus Lerner, Anita Norich (New York: Jewish Theological Seminary, 1992), 217–226.

with three corners. In the middle of the town stood the synagogue; on the left end was the bathhouse, and on the right end the poorhouse." And what about Rivke, the poor woman who rushes off to the rabbi to inquire about whether a slaughtered hen meets the appropriate standard for kosher consumption, displacing her far greater anxiety about the fact that she and her husband are approaching their tenth year of marriage without a child, after which he could be obliged to provide her with a writ of divorce ("Childless")? Perl is equally masterful at capturing the rhythms of spoken Yiddish, the internal thoughts of her characters, and the idiom of epistolary exchange. The letters between Genendl and Mikhoel in "Seeking Bread" reveal a wife's longing for an absent husband, a husband's desperate search for work in the big city, and ultimately the ways in which loneliness and alienation consume the individual. There is a touching moment in the first letter from Genendl in which we learn that since she lacks the literacy to compose her own letters she has to pour out her most intimate worries about her husband to a local man, who then writes on her behalf and attaches a short greeting of his own. Genendl's isolation often leads her to include information that may be news in a small town ("Sore-Rivke has big troubles – her goat died on her"; "a cow gored Reb Shloymele the rabbinic judge") but not particularly useful to a husband attempting to navigate the big city, as revealed in his responses to her ("it's very hard here," "it is so congested that sometimes people are simply crushed," "I don't know any Polish," "it is not the way I thought it would be...") . Genendl's worries about ending up an abandoned wife were her husband to take off for America to build a new life there are well documented in Jewish social history, and a window into the terror women felt when their husbands left home in search of economic opportunity. The last letter Genendl receives is from an acquaintance of her husband informing her that he has been beaten in the street by a local watchman and that he is in a charity hospital. Its bleakness is almost overwhelming.

If Perl has an ear for the Yiddish voice and the eye of an ethnographer, her stories also reveal a keen ability to fully realize the inner lives of characters in only a few pages. For instance, so much humiliation is contained in the different registers of Tsipke's dismissive clucks: her husband's abandonment of her the day after their wedding, the abuse she suffers as a servant for the butcher and his wife, the ridicule directed at her by the town wedding jester. Ultimately, her humanity is restored by a "soft cluck" that overcomes years of social isolation when a young man confesses his desire for her by the well. The slight change in register of a simple sound announces the possibility that she finally has found the human compassion that long eluded her. Such a story forced readers then, as now, to rethink our assumptions of Jewish communal solidarity.

Ruth Murphy's translations get to the essence of Perl's artistry by recognizing that literary translation is also an act of cultural interpretation. She invites the reader into Yiddish life on its own terms, refusing to translate certain terms and preserving Yiddish speech patterns that remind us that we are guests in another world. Murphy's choices never fetishize Yiddish speakers as exotic, but rather expand the imaginative possibilities of English.

Finally, the publication of Salomea Perl must be read within the broader context of recent translations of Yiddish women fiction writers into English. Women writers were significantly under-represented in all of the major anthologies of Yiddish prose in translation that appeared before the turn of the twenty-first century. Since anthologies not only create a canon but also a genealogy of influence, their absence led several generations of readers to assume that women had played only a marginal role in twentieth century Yiddish writing, this despite the fact that lexicons of Yiddish literature include many entries for women writers. It is only in the last twenty-five years, with the general rise in feminist scholarship and the expansion of literary canons to include marginalized voices, that the first anthologies of Yiddish women fiction writers appeared in English translation, establishing an important counter-canon that has significantly shifted our understanding of the contours of modern Yiddish literature.[5] These

---

5. Irena Klepfisz, "Queens of Contradiction: A Feminist Introduction to Yiddish Women Writers," in *Found Treasures: Stories by Yiddish Women Writers,*

include *Found Treasures: Stories by Yiddish Women Writers* (1994), *Beautiful as the Moon, Radiant as the Stars: Jewish Women in Yiddish Stories* (2003), *Arguing with the Storm: Stories by Yiddish Women Writers* (2007), and *The Exile Book of Yiddish Women Writers* (2013). Moreover, in 2017 *Pakn Treger: The Magazine of the Yiddish Book Center* dedicated its yearly translation issue to Yiddish women writers. Building on the popularity of Glückel of Hameln's Yiddish *Memoirs* (most recently reissued in 2019), interest in the social and political history of Yiddish-speaking women also led to the publication of several Yiddish memoirs by women, including Puah Rakovksy's *My Life as a Radical Jewish Woman* (2001) and Hinde Bergner's *On Long Winter Nights: Memoirs of a Jewish Family in a Galician Township* (2005). Translated volumes of stories or novels by individual women fiction writers have also appeared with increasing frequency in recent years. The publication of Chava Rosenfarb's *Tree of Life* (1985), *Bociany* (2000), *Of Lodz and Love* (2000), and *Survivors* (1976, 2004) owes a great deal to the encouragement of her daughter, the scholar and translator Goldie Morgentaler. Esther Singer Kreitman's novel *Deborah* was first translated and published by her son Maurice Carr in 1946 (and republished in 1954 and 1983) before The Feminist Press provided it with new exposure in 2004 and 2009 as *The Dance of Demons*. However, Kreitman's publication cannot be disentangled from the fact that she was the sister of Yiddish writers Israel Joshua Singer and Isaac Bashevis Singer (the only Yiddish writer to have been awarded the Nobel Prize for Literature). The publication of Kreitman's *Blitz and Other Stories* (2004) and *Diamonds* (2009) certainly benefited from the desire to expand our knowledge of this literary family. More recent years have seen an exciting burst of translation of Yiddish women's fiction, including Kadya Molodovsky's *A House with Seven Stories* (2006), Rokhl Faygenberg's *Strange Ways* (2007), Blume Lempel's *Oedipus in Brooklyn and Other Stories* (2016), Yente Mash's *On the Landing* (2018), Kadya Molodovsky's *A Jewish Refugee in New York* (2019), and

---

eds. Frieda Forman, Ethel Raicus, Sarah Silberstein Swartz, Margie Wolfe (Toronto: Second Story Press, 1994), 21–62.

Miriam Karpilove's *Diary of a Lonely Girl* (2020), to name a few. This bilingual edition of Salomea Perl becomes part of this ongoing critical intervention, and an opportunity to rediscover a treasure from the turn-of-the-century Yiddish press in Warsaw.

Justin Cammy is associate professor of Jewish Studies and World Literatures at Smith College.

Stories

Tsipke

(A TALE)

Her name was Tsipke. She was dark, dark as the night, and thin as a broomstick. Whether she was young or old – no one could tell. Her face was pockmarked, wrinkled, and her eyes, tiny and frightened, were those of a hunted animal. She had a head of hair though, black as coal, long, thick, disheveled. The butcher always called her "Elflocks," and when he would fly into a rage, he would grab her head and pull – pull her by her hair to the ground.

Tsipke was a divorcée and worked as a servant for Khatskl the Butcher. Her husband had abandoned her the morning after their wedding night. Tsipke chased after him for three entire days, until she just managed to get him in front of the rabbi. There, before the rabbi's wife, he gave the excuse that he couldn't live with her. He gave her the divorce, but as for the few groschen she had saved, these he kept for himself.

At Khatskl the Butcher's, Tsipke toiled like a horse. The household there, no evil eye, consisted of ten people, and each one of them screamed and yelled. From the minute the sun came up, she scraped and scoured, washed and polished. From daybreak on, she heard only blistering curses and a stream of abuse. Dirt flowed from her in streams, and her hands were black and as bony as two sticks.

The butcher called her nothing less than a common tramp, and the butcher's wife, a hundred times a day, sent her from the cellar to the butcher shop, from the butcher shop to the attic, from the attic to the barn, and from the barn to the cellar, just as if she had legs of iron and the strength of a Russian soldier. Tsipke dared not open her mouth; the butcher's wife was a real gem, and for any little thing would grab Tsipke by the head and fling her to the devil himself.

ציפּקע
(דערציילונג)

זי האָט געהייסן ציפּקע. שוואַרץ איז זי געווען, ווי די נאַכט און דאַר, ווי אַ בעזעם. צי יונג, צי אַלט - האָט מען נישט געקענט דערקענען. דאָס פּנים איז געווען געשטופּלט, פֿאַרקנייטשט, און די אויגן קליינינקע, דערשראָקן, ווי ביי אַ געיאָגטער חיה. האָר אָבער האָט זי געהאַט, שוואַרץ ווי קויל, געדיכט, לאַנג, צעפּלאָשעט. „קאָלטן" האָט זי אַלץ גערופֿן דער קצבֿ, און בשעת ער פֿלעגט ווערן שטאַרק צעקאָכט, פֿלעגט ער זי אָנכאַפּן פֿאַרן קאָפּ און ציִען, ציִען ביי די האָר ביז צו דר'ערד.

ציפּקע איז געווען אַ גרושה און האָט געדינט ביי חאַצקל קצבֿ. איר מאַן האָט זי אויף צומאָרגנס נאָך דער חופּה־נאַכט אַוועקגעוואָרפֿן, און ציפּקע איז אים נאָכגעלאָפֿן גאַנצע דריי טעג, ביז זי האָט אים קוים צום רבֿ אַרויפֿגעשלעפּט. דאָרט האָט ער זיך פֿאַר דער רביצין פֿאַרענטפֿערט, אַז ער קען מיט איר נישט לעבן, און האָט איר געגעבן אַ גט; די פּאָר גראָשן אָבער וואָס זי האָט געהאַט, האָט ער זיך צוגענומען.

ביי חאַצקל קצבֿ האָט ציפּקע געהאָרעוועט ווי אַ פֿערד. אַ געזינד איז דאָרט געווען קיין עין־הרע פֿון צען פּאַרשוין, און יעדער באַזונדער האָט געשריִען און געהוקעט. פֿון באַגינען אָן האָט זי געריבן און געשייַערט, געוואַשן און געפּוצט. פֿון באַגינען אָן האָט זי נאָר געהערט קללות און חרמות און זידלען. עס האָט פֿון איר געקאַפּעט שמוץ גאַנצע טייַכן, און העַנט האָט זי געהאַט שוואַרץ און אויסגעדאַרט ווי צוויי שטעקנס. דער קצבֿ האָט זי נישט אַנדערש גערופֿן ווי די טרייפֿענע נבֿלה, און די קצבֿ'טע האָט זי הונדערט מאָל אַ טאָג אַרומגעשיקט פֿון קעלער אין יאַטקע, פֿון יאַטקע אויפֿן בוידעם, פֿון בוידעם אין שטאַל, פֿון שטאַל אין קעלער, גלייַך ווי זי וואָלט געהאַט אייַזערנע פֿיס און כּוח פֿון אַ „יונג." ציפּקע האָט נישט געוואַגט דעם מויל עפֿענען. די קצבֿ'טע איז געווען אַ ריין מזוזה'לע, און וואָס עפּעס פֿלעגט זי ציפּקען אָנכאַפּן פֿאַרן קאָפּ און געבן אַ שלייַדער אַרויס צו אַלע שוואַרצע יאָר.

Tsipke didn't cry; no one had ever seen her weep with tears, nor ever heard a sob. Tsipke clucked. She would wedge herself into a corner and cluck for long periods of time, just like a hen that was being kept from sitting on her eggs. The clucking was a type of groan, like a hiccup, like a heart breaking.

Itsikl "Batkhn," who lived upstairs in the attic room, already has his little saying about this: "The mistress crows, and the maid clucks."

The first time that Shmerl, the old yeshiva bachelor, heard Tsipke cluck, he stopped and stood still, listening. Tsipke was sitting on the ground, her head buried in her lap, trembling as if with fever. She had one hand pressed to her heart, and in the other she held a wet scouring pad. Around her stood buckets and barrels, all copper and brass.

Shmerl felt his heart constrict. He could see that there would be no dinner for him that day. Quietly, he went over to the oven and stood there, waiting.

The kitchen was a scene of true devastation. The butcher's wife, flame-red, was shrieking as if a fire burnt inside her. The children were whistling and stomping their feet, and Tsipke remained sitting on the ground clucking, without a whimper, without a tear, without a sob.

"Get out of my house, you peasant! And you too, you do-nothing!"

Shmerl moved reluctantly towards the door. He had not even warmed up properly yet, and his stomach was clamoring for food. He was well aware, though, that the mistress could also send a few curses his way, and he quietly opened the door.

In the doorway, he looked around one more time. Tsipke, breathing in gasps, her scouring pad in hand, was already scraping the large holiday keg, the one with the wide brass hoops.

Shmerl the yeshiva bachelor would receive a meal each day from the rich householders in town. He slept either on a bench in the study house, or in the attic. Twice a week he was permitted to go to Khatskl the Butcher's house for a bit of hot food. For Khatskl the Butcher, hot meals were never in short supply. Food and drink were available in abundance, and Khatskl the Butcher was a Jew who contributed to charity and interest-free loans; it was not for nothing that he was president of the synagogue.

ציפּקע האָט נישט געוויינט; מען האָט זי קיין מאָל נישט געזען וויינען מיט טרערן, קיין מאָל נישט געהערט שלוכצן. ציפּקע האָט געקוואָקטשעט. זי פֿלעגט זיך אַרײַנקוועטשן אין אַ ווינקל און קוואָקטשען אַ לאַנגע צײַט, אַזוי ווי אַ הון וואָס מען לאָזט זי נישט אויף די אייער זיצן. דאָס קוואָקטשען איז געווען ווי עפּעס אַ מין קרעכץ, ווי אַ שלוקערץ, ווי אַ האַרץ־ברעכעניש.

איציקל בדחן, וואָס האָט געווווינט אויבן אין דאַכשטיבל, האָט שוין געהאַט דערויף זײַן ווערטל: די בעל־הביתטע קרייט און די דינסט קוואָקטשעט.

דאָס ערשטע מאָל וואָס שמערל, דער אַלטער ישיבֿה־בחור, האָט געהערט ציפּקעס קוואָקטשען, איז ער געבליבן שטיין האַרכנדיק. ציפּקע איז געזעסן אויף דר׳ערד, דעם קאָפּ אַרײַנגעדריקט אין שויס, און האָט זיך געטרייסלט ווי אין קדחת. מיט איין האַנט האָט זי זיך צוגעהאַלטן דאָס האַרץ; אין דער אַנדערער האָט זי געהאַט אַ נאַסן וויכעטש. אַרום איר זענען געשטאַנען שעפּלעך מיט פּעסלעך, קופּער מיט מעש.

שמערלען האָט עפּעס געגעבן אַ קלאַפּ אין האַרצן. ער האָט פֿאַרשטאַנען, אַז היינט וועט ער קיין אָנבײַסן נישט באַקומען. שטילערהייט האָט ער זיך אַנידערגעשטעלט פֿאַרן אויוון און האָט געוואַרט.

אין קיך איז געווען אַן אמתער חורבן. די קצבֿ׳טע, רויט ווי פֿײַער, האָט געשריִען ווי עס וואָלט אין איר געברענט. די קינדער האָבן געפּײַפֿט און געקלאַפּט מיט די פֿיס, און ציפּקע איז אַלץ געזעסן אויף דר׳ערד און האָט געקוואָקטשעט אָן אַ געוויין, אָן אַ טרער, אָן אַ שלוכץ.

– אַרויס פֿון מײַן שטוב, דו, שיקסע! אויך דו, ליידיק־גייער!

שמערל האָט זיך געגעבן אַ רוק צום טיר. ער האָט זיך נאָך אַפֿילו נישט געהאַט רעכט אָנגעוואַרעמט, און זײַן מאָגן האָט אים שטאַרק געקלעמט. ער האָט אָבער פֿאַרשטאַנען, אַז די בעל־הביתטע קען אים אויך אַ פּאָר קללות נתנען. שטילערהייט האָט ער אויפֿגעמאַכט די טיר.

אויפֿן שוועל האָט ער זיך נאָך אַ מאָל אַרומגעקוקט. ציפּקע האָט שוין סאָפּענדיק מיטן וויכעטש געריבן דאָס גרויסע, יום־טובֿדיקע פּעסל מיט די ברייטע מעשענע רייפֿן.

שמערל דער ישיבֿה־בחור פֿלעגט עסן טעג בײַ די גבֿירישע בעלי־בתּים אין שטעטל. שלאָפֿן האָט ער געשלאָפֿן אויף דער באַנק אין בית־מדרש, אָדער אויפֿן בוידעם. צוויי מאָל אין וואָך האָט ער געקענט אַרײַנקומען צו חאַצקל קצבֿ אויף אַ ביסל הייס געקעכטס. געקעכטס האָט בײַ חאַצקל קצבֿ נישט געפֿעלט. עסן און טרינקען איז בײַ אים געווען איבערן קאָפּ, און חאַצקל קצבֿ איז געווען אַ צדקה און אַ חסד ייִד; נישט אומזיסט איז ער געווען דער גבאי פֿון בית־מדרש.

Until now, Shmerl had never even really looked at Tsipke. He never looked at anything; he would sit down, consume his dinner, and be out of the house without even a 'Good day' to anyone. "A fine guest!" the butcher's wife would sneer. "He doesn't lift a finger for us. He should at least empty a bucket once in a while! Gorging and swilling – that's all he does."

That same day, a few hours later when it was almost time for evening prayers, Shmerl was once again in Khatskl the Butcher's house. His heart felt as if it were being pinched and squeezed, and his throat was dry. He had spent the whole day sitting in the dark study house, swaying over the Gemara. His clothes were full of holes, and he shivered from the cold.

The butcher's wife had already left the house, and the butcher was in the shop all day. Shmerl felt a bit more encouraged. The kitchen exuded warmth, as if in Paradise. The glow of the oven could be seen from afar, and the odor of onions and garlic, of braised lungs and liver, almost lifted him off his feet. Supper was already cooking in the oven.

Shmerl proceeded farther into the kitchen.

Tsipke stood before the oven, peeling potatoes. With her left foot, she was rocking the cradle that held the wailing, shrieking little Mendele. Behind her on a bench stood Yosele, who was beating on her shoulders with his little hands as if she were a drum.

Shmerl took up a spot by the oven. He felt a bit resentful towards Yosele. He himself could not understand how it was that Tsipke could stand there quietly, peacefully, lost in thought, just as if Yosele's blows were not meant for her. Her left foot was her only reaction, still rocking the cradle.

Shmerl gazed at her. He was suddenly seized with the desire to talk a bit with her. Certainly he was no great orator; in the study house his friends would have to pull the words out of him. He said everything in sign language, and for as long as he had been a bachelor, he had never started up a conversation with a female. Now, however, he felt a stream of words pushing up out of him.

ציפּקען האָט שמערל ביז אַצינד אַפּילו נישט געהאַט רעכט אָנגעקוקט, ער האָט גאָרנישט געזען. ער פּלעגט זיך אַנידערזעצן, אָפּעסן זײַן מיטאָג און אַרויסגיין פֿון שטוב אַפּילו אָן „אַ גוטן טאָג.״ - אַ טײַערער גאַסט! - פּלעגט זיך אָפּט צוּװאַרפֿן די קצבֿ'טע. - קיין שום טובֿה קען מען פֿון אים נישט האָבן. ער זאָל אַ מאָל אַ שעפּל אַרויסגיסן! פֿרעסן און זויפֿן - ווײַטער נישט.

אין אַ פּאָר שעה אַרום, עס איז שוין געווען נאָענט צו מעריבֿ, איז שמערל דעם טאָג ווידער אַרײַנגעקומען צו חאַצקל קצבֿ. עס האָט אים שטאַרק געקוועטשט און געקלעמט בײַם האַרצן, אין האַלדז האָט אים געטריקנט. דעם גאַנצן טאָג איז ער געזעסן אין פֿינצטערן בית־מדרש און זיך געשאָקלט איבער דער גמרא. זײַן בגד איז אויך געווען פֿול לעכער, און שמערל האָט זיך געטרייסלט פֿון קעלט.

די קצבֿ'טע איז שוין נישט געווען אין שטוב, דער קצבֿ איז אַ גאַנצן טאָג געזעסן אין יאַטקע. שמערלען איז עפּעס געוואָרן גרינגער אויפֿן האַרצן. אין קיך איז געווען אַ וואַרעמקייט ווי אין גן־עדן, דער אויוון האָט געגליט פֿון דער ווײַטנס, אַ גערוך פֿון ציבעלע און קנאָבל, פֿון געשמאָרטע לונגען און לעבער האָט פֿאַרכאַפּט די נשמה. דאָס וואַרעמעס האָט זיך שוין געקאָכט אין אויוון.

שמערל האָט זיך צוגערוקט נאָענטער.

ציפּקע איז געשטאַנען פֿאַרן אויוון און האָט געשיילט קאַרטאָפּל. מיטן לינקן פֿוס האָט זי גערודערט דאָס וויגל, אין וועלכן עס האָט געוויינט און געשריִען דער קליינער מענדעלע. הינטער איר אויפֿן באַנק איז געשטאַנען יאָסעלע און האָט איר מיט די הענטלעך געקלאַפּט אין פּלייצע אַרײַן, ווי אין אַ פּויק.

שמערל האָט זיך צוגעשטעלט צום אויוון. ער האָט געפּילט עפּעס ווי אַ פֿאַרדראָס אויף יאָסעלען. ער האָט אַליין נישט רעכט געוווּסט פֿאַר וואָס ציפּקע איז געשטאַנען שטיל, רויִק, פֿאַרקלערט, גלײַך ווי יאָסעלע וואָלט מיט די קלעפּ נישט זי געמיינט. מיטן לינקן פֿוס נאָר האָט זי גערודערט דאָס וויגל.

שמערל האָט זי אָנגעקוקט. עס האָט זיך אים פּלוצלינג פֿאַרגלוסט אַ ביסל מיט איר צו שמועסן. קיין גרויסער בעל־דרשן איז ער אַפּילו נישט געווען, אין בית־מדרש האָבן די חבֿרים געדאַרפֿט אים שלעפּן פֿאַרן צונג, ער האָט אַלץ נאָר גערעדט שטום־לשון, און מיט אַ נקבֿה האָט ער נאָך, ווי לאַנג ער איז בחור געווען, אַליין נישט אָנגעהויבן צו רעדן. אַצינד אָבער האָט עס אים געשטופּט, ער האָט עפּעס געפּילט אין זיך נײַן מאָס רייד.

"Why is he bawling like that? Is he hungry?" he asked, moving a bit closer to the cradle.

"Do I know? May I know so little of misfortune...maybe he wants to nurse, but what can I do about that? Do I have milk?

"Oh, and why don't you go eat, young man?" Tsipke remembered. "There it is, right there in the pot, the clay pot. I set it aside."

Then bending over the cradle, her thin arms embraced the child and her face pressed closer, closer to the pillow. In a loving voice, she coaxed him, "Don't cry, Mendele! Don't cry."

Mendele let out a wail and closed his eyes. Yosele stretched out on the floor and kicked the door with his little feet. Tsipke, bent over the cradle, her breast pressed to the child, in a tearful voice filled with affection pleaded: "Don't cry, Mendele! Don't cry! Sleep now, sleep!"

Shmerl had already finished his meal and said the blessings. It was already quite late – time to recite the evening prayers. Shmerl stood by the door, holding the door handle. He wanted to say something, but even he himself didn't know what...he no longer had the urge to talk. The abundance of words he'd had inside him had now flown away somewhere, as if by magic. He wanted to say something, but didn't know what, even if someone was to pull him by the tongue.

"Go to sleep, Mendele, sleep! My little boy!" It somehow sounded so tender, so very tender, just as if Tsipke were the child's mother, just as if she were holding him close, kissing him, suckling him...

Shmerl again felt a kind of vertigo overtake him. He turned his head away, as if he were ashamed to see the thin, sunken chest...

"Well, enough already! She's lulled herself to sleep. Just look at that crackpot!" The butcher's wife abruptly slammed the door.

Tsipke jumped up from the cradle and, frightened, grabbed her head with both hands. Her bonnet lay on the ground and her long black hair spilled across her shoulders. Quaking, Shmerl left the kitchen.

*   *   *

– וואָס רײַסט ער זיך אַזוי? ער איז הונגעריק? – האָט ער געפֿרעגט און האָט זיך אַ ביסל צוגערוקט צום וויגל.

– איך ווייס? איך זאָל אַזוי וויסן פֿון שלעכטס... אפֿשר וויל ער זייגן, נו, וואָס קאָן איך דען מאַכן? איך האָב דען?

– נו, וואָס גייט איר נישט עסן, בחור? – האָט זיך ציפּקע דערמאָנט. – דאָרט שטייט עס, דאָרט אין טעפּל, אין ליימענעם טעפּל, איך האָב עס באַהאַלטן.

און אַריבערבייגנדיק זיך איבערן וויגל, האָט זי דאָס קינד אַרומגענומען מיט אירע ביידע דאַרע הענט, דעם פּנים צוגעדריקט נאָענט, נאָענט צום קישן, און האַרצעדיק צוגערעדט: – וויין נישט, מענדעלע! וויין נישט.

מענדעלע האָט געגעבן אַ וויין און צוגעמאַכט די אייגעלעך. יאָסעלע האָט זיך אויסגעצויגן אויף דר'ערד און מיט די פֿיסלעך געקלאַפּט אין טיר אַרײַן, און ציפּקע, ליגנדיק איבערן וויגל, מיט דער ברוסט צוגעדריקט צום קינד, האָט אַלץ וויינענדיק, טיף האַרצעדיק, געבעטן: – וויין נישט, מענדעלע! וויין נישט! שלאָף זשע, שלאָף!

שמערל האָט שוין געהאַט אָפּגעגעסן און אָפּגעבענטשט. עס איז שוין געוועזן גאָר שפּעט, צײַט מעריבֿ דאַוונען. שמערל איז געשטאַנען פֿאַרן טיר און האָט געהאַלטן די קליאַמקע, ער האָט עפּעס געוואָלט זאָגן און אַליין נישט געוווּסט וואָס... שמועסן האָט ער שוין אַפֿילו נישט געוואָלט. די נײַן מאָס רייד איז ערגעץ פֿאַרפֿלויגן געוואָרן, ווי דורך כּישוף, נאָר עפּעס זאָגן האָט ער געוואָלט: ער האָט נישט געוווּסט וואָס, מען זאָל אים אַפֿילו רײַסן פֿאַרן צונג.

– שלאָף זשע, מענדעלע, שלאָף! מײַן זונעלע!

עס האָט געקלונגען עפּעס אַזוי האַרצעדיק, אַזוי שטאַרק האַרצעדיק, גלײַך ווי ציפּקע וואָלט געוועזן אַ מאַמע צום קינד, גלײַך זי וואָלט עס געהאַרצט, געקושט, געזייגט....

און ווידער האָט עס געגעבן שמערלען עפּעס אַ שווינדל פֿאַר די אויגן. ער האָט אָפּגעקערט דעם קאָפּ, גלײַך ער וואָלט זיך געשעמט צו זען די דאַרע, אײַנגעפֿאַלענע ברוסט....

– נו, שוין! זי האָט זיך גאָר אײַנגעלילועט שלאָפֿן. זעט נאָר די ניכפּה! – די קצבֿ'טע האָט געטאָן האַסטיק אַ קלאַפּ צו די טיר.

ציפּקע האָט זיך אויפֿגעכאַפּט פֿון וויגל און דערשראָקן מיט ביידע הענט זיך אָנגעכאַפּט אָן קאָפּ. דאָס הײַבל איז געלעגן אויף דר'ערד און אירע לאַנגע שוואַרצע האָר האָבן זיך איר צעשאָטן איבער די אַקסלען. שמערל איז ציטערנדיק אַרויסגעגאַנגען פֿון קיך.

* * *

Itsikl Batkhn was a prankster, a jokester. He loved to constantly make fun of Tsipke and ridicule her. This was a great source of enjoyment to the butcher's wife, and many times Itsikl would receive payment from her for his jokes in the form of a fish for Shabbes, or even a piece of kishke. Tsipke feared Itsikl as she did fire.

"Tsipke! Tsipke, when will you become a bride?" Oftentimes, he would spring this question on her. "When, God willing and with happiness and good fortune, will I be celebrating your wedding in song?" he joked. "Tsipke! Tsipke! My pretty little bride!" Then he would go up to her, screw up his face, and stretch out his arms as if he were veiling the bride.

Tsipke would back up against the wall, her head cowering between her shoulders and squirming in fear like a cornered chicken. "Like a Yom Kippur chicken," the butcher's wife quipped.

"So, Tsipke! Tsipke! What do you say, then?" Itsikl would not let her go. "Perhaps you already have a bridegroom? Yes?"

"Is that your business? Why are you so concerned about it? Worry about your own wife and your own children," she flared, furious. "Why do you mock me? What am I, a crazy person?" Then panting, all atremble, she would slam the door and with a cluck, run down the steps, all the way into the cellar.

"Down she goes to the cellar to cool off," Itsikl continued to heckle her. Hands at his sides and keeping time with his foot, he sang to her:

"If you don't believe me,
That I love you so,
To our righteous rabbi,
Both of us shall go."

Out of breath, Tsipke would sit down on the doorstep, rest her head on the cellar door, close her eyes, and cluck, cluck without words, without a voice, without a tear.

*   *   *

11 ציפּקע

איציקל בדחן איז געוועןאַ שטיפֿער, אַ קאַטאָוועס־מאַכער. מיט ציפּקען האָט ער ליב געהאַט וויפֿל מאָל זיך צו חכמהנען און חוזק צו מאַכן. די קצבֿ׳טע האָט געהאַט פֿון דעם גרויס הנאה, און איציקל האָט וויפֿל מאָל פֿאַר זײַן חכמה געלייזט פֿון איר אַ פֿיש אויף שבת, אָדער גאָר אַ שטיק קישקע. ציפּקע האָט פֿאַר איציקלען געציטערט ווי פֿאַר פֿײַער.

– ציפּקע! ציפּקע! ווען ווערסטו אַ כלה? – האָט ער אָפּט מיט אַ מאָל אַ פֿרעג געטאָן: – ווען מיט מזל און מיט גליק וועל איך דיך שוין, אם־ירצה־השם, באַזינגען? – האָט ער זיך געחכמהעט. – ציפּקע! ציפּקע! כלה׳שע מײַן! – און איציקל בדחן פֿלעגט זיך אַנידערשטעלן נאָענט פֿאַר איר, פֿאַרקרימען דעם פּנים, און אויסציִען די הענט, ווי צו באַדעקנס.

ציפּקע פֿלעגט זיך צודריקן צום וואַנט, דעם קאָפּ אַרײַנקוועטשן אין די אַקסלען, און צאַפּלען זיך דערשראָקן, ווי אַ געפֿאַנגען הינדל. „ווי אַ הינדל אויף אַ כפּרה" האָט די קצבֿ׳טע אויסגעקלערט.

– נו, ציפּקע! ציפּקע! וואָס זשע זאָגסטו? – האָט זי איציקל נישט אָפּגעלאָזן – אפֿשר האָסטו שוין אַ חתן? יאָ?

– וואָס איז אײַער דאגה? וואָס דאַרט אײַך דער מוח? לאָז אײַך דאַרן פֿאַר אײַער ווײַב און פֿאַר אײַערע קינדער – האָט זי זיך שוין פֿונאַנדערגעבייזערט – וואָס מאַכט איר חוזק פֿון מיר? וואָס בין איך, אַ משוגענע? – און פֿאַרסאָפּעט, פֿאַרציטערט, פֿלעגט זי געבן אַ קלאַפּ מיט דער טיר און מיט אַ קוואָקטשען אַראָפּלויפֿן פֿון אַלע טרעפּ, גאָר אונטן, אין קעלער אַרײַן.

– זי גייט זיך שוין אָפּקילן – האָט זיך נאָך געחכמהעט איציקל, און די הענט אָן די זײַטן, צוקלאַפּנדיק דעם טאַקט מיט די פֿיס, האָט ער ציפּקען נאָכגעזונגען:

– ווילסטו מיר נישט גלייבן,
אַז איך האָב דיך ליב,
וועלן מירביידע פֿאָרן,
צום גוטן ייִד!

ציפּקע פֿלעגט זיך פֿאַרסאָפּעט אַנידערזעצן אויפֿן שוועל, אָנשפּאַרן דעם קאָפּ אָן טיר פֿון קעלער, צומאַכן די אויגן, און קוואָקטשען, קוואָקטשען אָן אַ לשון, אָן אַ קול, אָן אַ טרער.

* * *

"It's some sort of dybbuk," the neighborhood women would say, shaking with fear. "That a person doesn't cry, but clucks instead... who knows! Maybe she really does have a dybbuk inside her... it happens – would that it didn't happen, as it does." Afraid, the women would shuffle farther away from the steps.

Shmerl was not such a coward as they; he had no fear of dybbuks. Many times he would remain standing on the stairs, leaning on the banister and listening attentively.

Shmerl had somehow managed to gain entrée to the butcher's wife, and nearly twice a day would come into the kitchen. As the holiday approached, he even became very useful. The butcher's wife could not stop marveling at how Shmerl had become a completely different person. He would chop wood, carry out a bucket and grind matzo – just like one's right hand; he was at least no longer gorging himself for free.

Just before the holiday, the household was up to its neck in hard work. Tsipke could not keep up with the dirt. The butcher's wife now spent her entire day in the butcher shop, as the butcher couldn't manage on his own. The butcher boys would steal him blind, but they were terrified of the butcher's wife.

Day and night Tsipke scraped, scoured and koshered, and again scoured and koshered. The kitchen looked like a stable and the dirt kept expanding like leavening bread. The chickens had gotten out of their cage and were running around underfoot, flying over people's heads. The turkey was always chasing after them, puffing himself up, as red as Esau and as ferocious as a pirate.

Right before Passover, the butcher's wife quarreled with the water-carrier. By then they needed six times as much water as before, and he was apportioning it drop by drop as if it were medicine. "May he be seized with convulsions! The maidservant isn't sick; she can carry the water herself, and I'll do without a water-carrier."

Tsipke clutched her head in her hands. "I'll carry the water?" She began clucking. "Am I a porter? I didn't agree about the water, I...."

– עפּעס אַ מין דיבוק – האָבן זיך געטרייסלט די שכנות:

– אַ מענטש זאָל נישט וויינען, נאָר קוואָקטשען, ווער ווייס! אפשר האָט זי טאַקע אין זיך אַ דיבוק... עס טרעפֿט זיך, הלוואַי זאָל זיך נישט טרעפֿן, ווי עס טרעפֿט זיך – און מיט מורא פֿלעגן זיך די שכנות אָפּרוקן ווײַטער פֿון די טרעפּ.

שמערל איז נישט געווען אַזאַ מין פּחדן, ער האָט זיך פֿאַר אַ דיבוק גאָר נישט געשראָקן. וויפֿל מאָל פֿלעגט ער בלײַבן שטיין אויף די טרעפּ, זיך אָנלענען אָן געלענדער, און האָרכן.

שמערל האָט זיך עפּעס געמאַכט אָן אײַנגאַנג צו דער קצבֿ׳טע און פֿלעגט כמעט צוויי מאָל אַ טאָג אַרײַנקומען אין קיך. פֿאַר יום־טובֿ איז ער אַפֿילו שטאַרק צו ניץ געקומען. די קצבֿ׳טע האָט זיך נישט געקענט גענוג אָפּוווּנדערן, שמערל איז גאָר געוואָרן אַן אַנדער מענטש: האָלץ צעהאַקן, אַ שעפֿל אַרויסטראָגן, מצות צעשטויסן, אַזוי ווי אַ רעכטע האַנט. נישט קיין אומזיסטער פֿרעסער כאָטש.

פֿאַר יום־טובֿ איז טאַקע געווען צו האָרעווען איבערן קאָפּ. ציפּקע האָט גאָר נישט געקענט פּטור ווערן פֿון דעם שמוץ. די קצבֿ׳טע איז איצט גאַנצע טעג געזעסן אין יאַטקע, דער קצבֿ אַליין האָט זיך נישט געקענט קיין עצה געבן, די העקערס האָבן געגנבֿעט און געגזלט, פֿאַר דער קצבֿ׳טע אָבער האָבן זיי געציטערט ווי פֿאַר פֿײַער.

ציפּקע האָט גאַנצע טעג און נעכט געריבן און געכשרט און ווידער געריבן און געכשרט. די קיך האָט אויסגעזען ווי אַ שטאַל, און דאָס שמוץ איז געוואַקסן ווי אויף הייוון. די הינער זענען אַרויס פֿון שטײַג און אַרומגעלאָפֿן אונטער די פֿיס און איבער די קעפּ. דער אינדיק האָט זיך אַלע מאָל געגעבן אַ יאָג, אָנגעבלאָזן רויט ווי עשׂו, און בייז ווי אַ גזלן.

פֿאַר פּסח האָט זיך די קצבֿ׳טע גאָר צעקריגט מיטן וואַסערטרעגער. וואַסער האָט מען אַצינד געדאַרפֿט זעקס מאָל אַזוי פֿיל ווי ביז אַהער, און ער האָט אַלץ אויסגעטיילט טראָפּנווײַז, ווי אַ רפֿואה – כאַפּט אים די ניכפּה! די דינסט איז נישט קראַנק אַליין וואַסער צו טראָגן, איך וועל זיך שוין באַגיין אָן אַ וואַסערטרעגער.

ציפּקע האָט זיך אָנגעכאַפּט פֿאַרן קאָפּ.

– איך קאָן דען וואַסער טראָגן? – האָט זי אָנגעהויבן צו קוואָקטשען. – בין איך דען אַ טרעגער? איך בין נישט מושווה געוואָרן מיט וואַסער, איך....

In fury, the butcher's wife jerked the door open. "Who's keeping you here, then? Go to hell! Just look at this clod! She's telling me what to do!"

And Tsipke squeezed herself into the corner, her head once again hidden in her lap, and sat that way for a half hour. Then she quietly crawled out of her corner, found the kegs, picked up the pails, and head hanging, trudged off to fetch water.

"So, it's already settled!" Itsikl scoffed at her, incensed. "It's a case of 'don't drag me; I'm going willingly. She's doing me a favor.' Of course Shmerl is standing at the well, how very sad for him! What a way to end up, such an outcome for a young man."

Itsikel Batkhn happened to be a relative of Shmerl's, a sort of great-great-uncle. Shmerl was an orphan. His family was full of indigents and paupers, but they were all good Jews and able Torah students. Shmerl himself was once known for his brilliant mind and as an extraordinary Talmudist, albeit a little strange, a little twisted. The whole town had thought that he would turn out to be a great scholar, a rabbi, a man of great virtue and devoutness. Back then, Itsikl Batkhn had believed in him without reservation, and had his eye on him.

די קצבֿ׳טע, פֿון רציחה, האָט געגעבן אַ מאַך אויף די טיר. - ווער האַלט דיך דען? גיי אין דר׳ערד! זעט נאָר, די כאַמטע! זי גייט מיר גאָר דעות זאָגן!

און ציפּקע האָט זיך אַרײַנגעקוועטשט אין ווינקל, דעם קאָפּ ווידער באַהאַלטן אין שויס, און געזעסן אַזוי אַ האַלבע שעה; דערנאָך איז זי שטילערהייט אַרויסגעקראָכן פֿון ווינקל, אויפֿגעזוכט די פֿעסער, אָנגענומען די עמערס, און מיט אַראָפּגעלאָזענעם קאָפּ זיך געשלעפּט נאָך וואַסער.

- נו, שוין געפּטרט! - האָט איר איציקל בייז נאָכגעשפּעט - ס׳איז גאָר, שלעפּט מיך נישט, איך גיי גערן, זי מאַכט מיר אַ מענטליק. שמערל אַוודאי בײַם ברונעם, אָך און וויי צו זײַנע ביינער! אַ תּכלית, אַ תּכלית פֿון אַ יונג.

איציקל בדחן איז שמערלען אָנגעקומען זיך עפּעס אַ קרובֿ, עפּעס אַן עלטער־עלטער־פֿעטער. שמערל איז געווען אַ יתום, די משפּחה פֿול אבֿיונים און קבצנים, נאָר אַלע שיינע ייִדן, ווילע לערנערס; שמערל אַליין איז אַ מאָל געווען גאָר אַ פֿײַערדיקער קאָפּ, אַן איינמאָליקער תּלמיד־חכם, נאָר עפּעס אַ ביסל מאָדנע, אַ ביסל פֿאַרדרייט. דאָס גאַנצע שטעטל האָט געמיינט, אַז פֿון אים וועט אַ מאָל אַרויסקומען אַ גרויסער למדן, אַ רבֿ, אַ צדיק. איציקל בדחן האָט דעמאָלט געהאַלטן פֿון שמערלען שטאָל און אײַזן, ער האָט געהאַט אויף אים אַן אויג.

In those days, Itsikel's daughter, Hinde, was already of marriageable age, indeed a charming girl, yet she had not had any luck in finding a husband. It occurred to Itsikel to arrange a match with Shmerl, and little by little, bit by bit, he began broaching the subject with Shmerl. He promised him all manner of beautiful gifts, and room and board for life. Shmerl said neither 'Yes' nor 'No,' and Itsikel, thinking the matter decided, invited guests to the engagement party. Shmerl and his bride were both brought to the party; Shmerl was seated close to her table so that from time to time, he could glance over at her. It was quite a joyous occasion; the bride looked like a princess and Itsikel stroked his beard in satisfaction and kept going over to the other table to see whether Mendel the Beadle had finished writing up the marriage contract. From inside the house came a scream and pandemonium. People jumped up, turned around, jostled each other. The pot lay ready to be broken to seal the engagement; *where is the groom? Let him come sign!* – Shmerl was nowhere to be found; the earth had swallowed him up.

Itsikel ran out of the house like a madman. He spent the entire night searching for Shmerl, and it was only the next day that he caught up with him in the study house. Shmerl looked pale, his eyes bleary, his voice hoarse. Choking, he told Itsikel that he would not marry, he could not, that he would never marry.

"Damn you to hell! Stay a bachelor until the day you die!" raged Itsikel, and ran out of the study house. Furious, he had wanted to bring Shmerl to trial before the rabbi, but fortunately another bridegroom was found, just as if he'd dropped out of the sky, and Itsikel's anger slowly abated. Shmerl, however, indeed never married, and now sat in the study house, an old yeshiva bachelor.

איציקלס טאָכטער הינדע איז שוין דעמאָלט געווען אַ מיידל אין די יאָרן, אַפּילו אַ באַחנטע, נאָר זי האָט עפּעס נישט געהאַט קיין מזל צו שידוכים. איציקלען איז אײַנגעפֿאַלן זי מיט שמערלען צו משדך זײַן - און ביסלעכווײַז, ביסלעכווײַז האָט ער אָנגעהויבן די מעשׂה מיט שמערלען איבערצושמועסן. ער האָט אים צוגעזאָגט גאָר שיינע מתּנות און אַ גאַנץ לעבן קעסט. שמערל האָט נישט געזאָגט נישט „ניין" נישט „יאָ," און איציקל, גאָר פֿאַרטיק, האָט פֿאַרבעטן געסט אויף תּנאָים. שמערלען האָט מען צוזאַמענגעבראַכט מיט דער כּלה, אים געזעצט נאָענט בײַם טיש, כּדי ער זאָל קענען פֿון צײַט צו צײַט אויף איר אַן אויג וואַרפֿן. די שׂימחה איז געווען גאָר גרויס, די כּלה האָט אויסגעזען ווי אַ קייסערטע, און איציקל האָט זיך צופֿרידן געגלעט די באָרד און אַלץ צוגעקוקט צום אַנדערן טיש קוקן, צי מענדל שמשׂ האָט שוין די תּנאָים אויפֿגעשריבן. אין שטוב איז געווען אַ געשריי, אַ גערודער. מען האָט זיך אויפֿגעשטעלט, געדרייט, גערוקט. די שאַרבן זענען שוין געלעגן אָנגעגרייט „ווו איז דער חתן? לאָז ער גיין זיך חתמענען!" שמערל איז נישט געווען צו זען, ער איז ערגעץ פֿאַרזונקען געוואָרן.

איציקל איז, ווי אַ משוגענער, אַרויסגעלאָפֿן פֿון שטוב. די גאַנצע נאַכט האָט ער אַרומגעזוכט שמערלען און נאָר אויף מאָרגנס געכאַפּט אים אין בית־מדרש. שמערל האָט אויסגעזען בלייך, די אויגן פֿאַרלאָפֿן, דער קול הייזעריק. צאַפּלענדיק האָט ער געזאָגט איציקלען אַז חתונה האָבן וועט ער נישט, ער קען נישט, וועט קיין מאָל נישט חתונה האָבן.

- גיי אין דר'ערד! זײַ אַ בחור ביז צום טויט - האָט זיך צעקאָכט איציקל און אַרויסגעלאָפֿן פֿון בית־מדרש. פֿול רציחה, האָט ער געוואָלט מיט שמערלען האָבן אַ דין־תּורה בײַם רבֿ, נאָר צום גליק האָט זיך געפֿונען אַן אַנדער חתן, עפּעס אַזוי ווי פֿון הימל אַראָפּגעפֿאַלן, און איציקל האָט זיך אַ ביסל אין זײַן רציחה אָפּגעקילט. שמערל אָבער האָט טאַקע נישט חתונה געהאַט און געזעסן, אַן אַלטער ישיבֿה־בחור, אין בית־מדרש.

Years went by. The householders who fed Shmerl were ready to be rid of him. The matchmakers still ran after him with propositions, but Shmerl would neither hear of nor consider any match. A dark cloud had descended on him; he was always withdrawn, silent, melancholy. People in town said that one night he'd had an encounter with a young girl who had long black hair and burning eyes. The girl was a corpse, his very own sister, Rokhel, who had once fallen in love with a modern Jew, and after that also refused ever to marry. It was with long grey hair – her braids completely grey – that they laid her in the grave.

Itsikel knew well the entire story, but he kept it to himself and never divulged the secret to anyone; after all, it was his family, his honor and his shame. Beat me and throw me among my own folk! Itsikel Batkhn happened to be Shmerl's great-great-uncle.

*   *   *

It was now very late. The mistress was long asleep in her bed; the butcher sat at the slaughterhouse awaiting the ritual slaughterer. Tsipke grabbed the buckets, and barefoot as she was, ran out to the well. She wanted to be done with all the water carrying at night; in the daytime she felt ashamed, as if she were a thief. The water-carriers mocked her and wouldn't let her come up to the well, and the town servant girls swore at her and berated her that she allowed her mistress to ride roughshod over her: no servant girl was ever allowed to fetch water, come hell or high water.

The street was very dark; a thick fog lay over the entire town like a white veil. Tsipke's teeth were chattering, both from cold and from fear. One time, several years ago, she had seen a demon, and ever since then, in the darkness, something behind her always seemed to be tugging at her dress and hair. She couldn't recite the bedtime prayer since she'd never been to heder, but from the butcher's wife she had picked up a few words from the prayer that went 'God of Abraham, of Isaac, and of Jacob.'

יאָרן זענען פֿאַרגאַנגען, די בעלי־בתּים האָבן פֿון אים שוין געוואָלט פּטור ווערן, די שדכנים זענען אים נאָך אַפֿילו נאָכגעלאָפֿן מיט שידוכים - שמערל האָט נישט געוואָלט הערן, נישט טראַכטן פֿון אַ שידוך - אַ פֿאַרדרייעניש איז עפּעס געקומען אויף אים, ער איז תּמיד געווען פֿאַרטראַכט, שווײַגנדיק, מרה־שחורהדיק. אין שטעטל האָט מען געזאָגט, אַז איין מאָל בײַ נאַכט האָט אים געהאַט עפּעס געטראָפֿן אַ פּאַניעלע מיט לאַנגע שוואַרצע האָר און ברענענדיקע אויגן; דאָס איז געווען אַ מת, טאַקע זײַן אייגענע שוועסטער רחל, וואָס האָט זיך געהאַט אַ מאָל פֿאַרליבט אין אַ דײַטש און אויף קיין פֿאַל אויך דערנאָך נישט געוואָלט חתונה האָבן. לאַנגע האָר גרויע, גאָר גרויע צעפּ האָט זי געהאַט, בשעת מען האָט זי אין קבֿר אַרײַנגעלייגט.

איציקל האָט געוווּסט קלאָר די גאַנצע מעשׂה, נאָר ער האָט געשוויגן, דעם סוד קיינעם נישט אויסגעזאָגט. ס'איז פֿאָרט געווען זײַן משפּחה, זײַן כּבֿוד, און זײַן בושה. שלאָג מיך און וואַרף מיך צו די מײַניקע! איציקל בדחן איז שמערלען זיך אָנגעקומען אַן עלטער־עלטער־פֿעטער.

* * *

עס איז געווען גאָר שפּעט, די בעל־הביתטע האָט שוין לאַנג געשלאָפֿן, דער קצבֿ איז געזעסן אין שלאַכטהויז און האָט געוואַרט אויפֿן שוחט. ציפּקע האָט אָנגעכאַפּט די עמערס, און באָרוועס ווי זי איז געווען, אַרויסגעלאָפֿן צום ברונעם. וואַסער אָנטראָגן האָט זי געוואָלט פּטרן בײַ נאַכט, בײַ טאָג האָט זי זיך געשעמט, ווי אַ גנבֿ. די וואַסערטרעגערס האָבן געמאַכט פֿון איר חוזק און זי נישט צוגעלאָזן צום ברונעם, און די דינסטמוידן פֿון שטעטל האָבן זי געזידלט און געחרמט, וואָס זי לאָזט די בעל־הביתטע אויף זיך רײַטן; וואַסער האָט קיין שום דינסט נישט געטאָרט טראָגן, עס זאָל אַפֿילו דונערן און בליצן.

אויף דער גאַס איז געווען גאָר פֿינצטער; אַ געדיכטער נעפּל איז געלעגן אויפֿן גאַנצן שטעטל, ווי אַ ווײַסער שלייער; ציפּקען האָט געקלאַפּט אַ צאָן אָן אַ צאָן, פֿון קעלט און פֿון שרעק. איין מאָל, פֿאַר עטלעכע יאָר, האָט זי געהאַט געזען אַ שד, און פֿון דעמאָלט אָן האָט איר אין דער פֿינצטער אַלץ געדאַכט זיך אַז מע ציט זי פֿון הינטן פֿאַרן קלייד און פֿאַר די האָר. לייענען קריאת־שמע האָט זי נישט געקענט, זי איז קיין מאָל אין חדר נישט געווען, פֿון דער קצבֿ'טע אָבער האָט זי זיך אויסגעלערנט אַ פּאָר ווערטער פֿון „גאָט פֿון אַבֿרהם, פֿון יצחק, און פֿון יעקבֿ.“

A light was still shining at the baker's wife's where matzo was being baked, and over there, in that corner, a candle was also burning, a very small candle. The candlelight came from the study house, and as she came closer to it, Tsipke saw how some of the yeshiva students sat with their heads resting on the table, while others swayed back and forth over a volume of the Talmud. Only Shmerl, Shmerl alone was pacing back and forth, back and forth, from one wall to the other.

There was no one at the well, and Tsipke hastily drew the water. The buckets were so heavy that several times she had to stop and lean against a wall. Her shoulders ached dreadfully, and a splinter in the toe of her left foot stabbed her like a knife. She had no idea when she'd gotten the splinter. It does happen sometimes that one finds a bluish mark on one's body – the dead sometimes pinch people when they're asleep, and she had a great many such marks – but where had she gotten a splinter in her toe?

More dead than alive, she dragged herself to the house, set down the buckets, and almost fell on the stoop amidst the kegs. She longed to stretch out her legs, straighten her spine, and rest her head on the banister. At the baker's wife's it was now dark, but there, in the corner, a light was still shining, shining so beautifully, so warmly. Tsipke couldn't turn her eyes away; one candle had now become many candles, lamps, Hanukkah menorahs, a splendid moon, magnificent, beckoning stars. The stars were shining with a holiday joy!... On such a night there were no demons about; on the eve of a holiday, they rested.

She felt her eyes closing and her head was spinning, as if she were drunk. The kegs tumbled from her to the ground. Tsipke opened her eyes ... Shmerl was standing next to her.

Embarrassed, she got to her feet. "I wasn't sleeping," she said defensively.

Then: "May I be as free of pain as what I'm telling you is true ... it was just something. . . . "

As she was about to pick up the kegs, Shmerl moved closer to her, very close, and took her by the hand. His eyes looked as if he was lost in a dream, dazed, and his face was pale, contorted.

ביַי דער בעקערין איז נאָך אַפּילו געווען ליכטיק, עס האָבן זיך געבאַקן מצות, און דאָרט אין יענעם ווינקל האָט אויך נאָך געלײַכט אַ ליכטל, גאָר אַ קליין ליכטל. דאָס ליכטל האָט געלײַכט פֿון בית־מדרש, און ציפּקע האָט, צוגייענדיק, דערזען ווי די ישיבֿה־בחורים ליגן מיטן קאָפּ אויפֿן טיש, אָדער שאָקלען זיך איבער אַ גמרא. נאָר שמערל אַליין איז געגאַנגען הין און צוריק, הין און צוריק, פֿון איין וואַנט צו דער אַנדערער.

פֿאַרן ברונעם איז קיינער נישט געווען, און ציפּקע האָט האַסטיק אָנגענומען זיך וואַסער; די עמערס זענען געווען אַזוי שווער אַז עטלעכע מאָל האָט זי זיך געמוזט אָנלענען אָן וואַנט. די אַקסלען האָבן איר געטאָן שרעקלעך ווײ, און דער פֿאַרשטאָכענער פֿינגער פֿון לינקן פֿוס האָט געריסן, ווי מיט מעסער. זי האָט אַליין נישט געוווּסט ווען זי האָט אים פֿאַרשטאָכן. עס טרעפֿט זיך אַ מאָל אויפֿן ליַיב אַ בלויער צייכן – דאָס גיט אַ טויטער אין שלאָף אַ קניפּ, אַזעלכענע צייכנס האָט זי אַ גרוזמא. פֿון וואַנען אָבער אַ פֿאַרשטאָכענער פֿינגער?

קוים לעבעדיק האָט זי זיך צוגעשלעפּט צום הויז, אָפּגעשטעלט די עמערס, און כּמעט אַנידערגעפֿאַלן מיט די פֿעסער אויפֿן בריקל. עס האָט זיך איר געגלוסט אויסציִען די פֿיס, אויסגליַיכן די ביינער, און אָנשפּאַרן דעם קאָפּ אָן געלענדער. ביַי דער בעקערין איז שוין געווען פֿינצטער, נאָר דאָרט, אין ווינקל, האָט אַלץ נאָך געלײַכט, געלײַכט עפּעס אַזוי שיין, אַזוי האַרצעדיק. ציפּקע האָט נישט געקענט די אויגן אָפּווענדן. פֿון דעם איין ליכטל איז געוואָרן אַ סך ליכטלעך, לעמפּלעך, חנוכּה־לעמפּלעך, אַ שיינע לבֿנה, שיינע, האַרצעדיקע שטערנס. די שטערנס לײַכטן אַזוי יום־טובֿדיק!... אין אַזאַ נאַכט גייען די שדים נישט אַרום. ערבֿ יום־טובֿ האָבן זיי רו.

די אויגן זענען איר צוגעפֿאַלן, און אין קאָפּ האָט זיך איר געדרייט ווי ביַי אַ שיכּורן. די פֿעסער זײַנען איר אַראָפּגעפֿאַלן אויף דר'ערד, ציפּקע האָט אויפֿגעעפֿנט די אויגן...לעבן איר איז געשטאַנען שמערל.

זי האָט זיך פֿאַרשעמט אויפֿגעשטעלט אויף די פֿיס.

– איך האָב נישט געשלאָפֿן – האָט זי זיך פֿאַרענטפֿערט. – איך זאָל אַזוי קיין ווייטיק נישט האָבן...גלאַט עפּעס....

און זי האָט געוואָלט אויפֿהייבן די פֿעסער.

ער האָט זיך צוגערוקט צו איר נאָענט, גאָר נאָענט, און זי אָנגענומען ביַי דער האַנט. זײַנע אויגן זענען געווען ווי פֿאַרחלומט, צעמישט, און דאָס פּנים בלייך, פֿאַרקרימט.

Tsipke emitted a soft cluck. Her hands trembled and her teeth began to chatter, one against the other. Something took hold of her, as if she were in the throes of a terrible fever.

"Young man! Go away, young man!" she protested weakly. Shmerl leaned towards her. His eyes were downcast and his lips were quivering.

"I will treat you well, Tsipke! I want us to make a betrothal to each other...you are my bride."

She let out a wail and looked at him, shuddering, scared. She clasped her hand to her heart. Shmerl quickly untied his neckerchief and took Tsipke by the hand.

"I hereby agree...."

"Just look at this couple! They deserve each other!"

Khatskl the Butcher stood in front of the doorstep, having returned from the slaughterhouse.

SALOMEA PERL
Der Fraynd: Numbers 34 and 35
26 February and 27 February.

ציפּקע האָט שטילערהייט געגעבן אַ קוואָק אַרויס, די הענט האָבן איר געציטערט, און די ציין האָבן זיך איר אָנגעהויבן צו קלאַפּן איינס אָן דעם אַנדערן. עפּעס אָנגעכאַפּט, ווי אין דער גרעסטער היץ.

– בחור! גייט, בחור! – האָט זי זיך שוואַך געוועורט.

שמערל האָט זיך צוגעבויגן צו איר. די אויגן האָט ער געהאַט אַראָפּגעלאָזן, און די ליפּן האָבן אים געציטערט.

– איך וועל דיך האַלטן כשר, ציפּקע! איך וויל מיט דיר מקבל קנין זײַן... דו ביסט מײַן כלה.

זי האָט געגעבן אַ וויין אַרויס און אים אָנגעקוקט פּאַרציטערט, דערשראָקן. מיט דער האַנט האָט זי זיך צוגעהאַלטן דאָס האַרץ. שמערל האָט זיך האַסטיק אויפֿגעבונדן דאָס האַלדזטוך און אָנגענומען ציפּקען בײַ דער האַנט.

– איך בין מקבל קנין....

– זעט נאָר דאָס פּאָרפֿאָלק! אַ שיינע, ריינע כּפּרה!

חאַצקל קצבֿ איז געשטאַנען פֿאַרן בריקל, ער איז געקומען פֿון שלאַכטהויז.

סאַלאָמעאַ פּערל

דער פֿרײַנד: נומערן 34, 35

26-27 פֿעברואַר 1903

The Canvas

Don't think that I've always been a merchant-woman. My husband, may he live and be well, was once well off, a wealthy man – Leybl Sender Katz!

He had the look of a count, a king; he is handsome even now, a striking man. These days he lies in bed, poor creature, paralyzed; he's lost the use of his arms and legs...Eleven years already he's lain this way. It's cost me a fortune – wherever there was a doctor, a healer, a rabbi who worked miracles! Three times I've sent him to Busk, to visit the graves of the miracle workers.

It has been ordained an affair of God. One is not permitted to argue with God – praised be the Eternal One!

He and I, poor things, never had any children. As for feeding him, he does eat; surprisingly, he has an appetite...I buy him this and that, a little wine, milk, an orange; the neighbor woman gives it to him a little bit at a time. However, he would rather that it was I who served him his food. He loves me like life itself; he misses me so each day, as if we had just gotten married. "Goldele, is that you? My darling, my precious one!" – and he hugs and kisses me, like long ago...

I didn't want him – I wept. What a foolish child I was! He was a widower, a rich man. I was already more than old enough to be married – eighteen, almost nineteen, without fortune and without dowry. Beautiful I was, yes – eyes black as coal and a splendid part in my hair – very beautiful. My mother worried about me; entire nights she would be unable to sleep, fretting: *What will become of her? What will be her life?*

די קאַנווע

מיינען זי נישט, איך בין אייביק געווען אַ הענדלערין. מײַן מאַן, ער זאָל מיר לעבן און געזונט זײַן, איז אַ מאָל געווען אַ גבֿיר, אַן עושר - לייב׳ל סענדער כּץ!

אַן אויסזען פֿון אַ גראַף, פֿון אַ קייסער. שיין איז ער נאָך איצט, ווי גאָלד. הײַנט ליגט ער נעבעך געליימט, אָפּגענומען אים געוואָרן הענט און פֿיס... עלף יאָר ליגט ער שוין, אָפּגעקאָסט האָט עס מיך אַ פֿאַרמעגן. ווו נאָר אַ דאָקטער, אַ רופֿא, אַ גוטער ייִד! דרײַ מאָל האָב איך אים קיין בוסק געשיקט, צו גוטע ייִדן אויף קבֿר־אָבֿות געפֿאָרן.

עס איז אַ באַשערט. אַ גאָטס זאַך. מיט גאָט טאָר מען זיך נישט שפּאַרן. געלויבט איז דער אייבערשטער! עסן עסט ער יאָ. אַפּעטיט האָט ער דווקא... איך קויף אים עטוואָס, ווײַן, מילך, אַ פּאָמעראַנץ... די שכנטע גיט עס אים ביסלעכווײַז. קינדערלעך האָבן מיר נעבעך נישט. ער וואָלט בעסער געוואָלט איך זאָל עס אים אַליין דערלאַנגען. ער האָט מיך ליב דאָס לעבן. ער בענקט נאָך מיר אַזוי, ווי עס וואָלט געווען ערשט נאָך דער חתונה. „גאָלדעלע - ביסט שוין געקומען? מײַן לעבן, מײַן קרוין!” - און ער האַלדזט און קושט מיך, ווי אַ מאָל....

איך האָב אים נישט געוואָלט, געוויינט האָב איך, אַ נאַריש קינד בין איך געווען! ער איז געווען אַן אַלמן אַן עושר. אַ מיידל שוין אין די יאָרן, אַכצן, כּמעט נײַנצן, אָן פֿאַרמעגן, אָן נדן. שיין בין איך יאָ געווען. אויגן - שוואַרץ ווי קויל און אַ שרונט - רייך ווי גאָלד.

די מאַמע מײַנע האָט זיך געזאָרגט און גאַנצע נעכט נישט געקאָנט שלאָפֿן: וואָס וועט זײַן דער תּכלית, דער תּכלית?

I was a silent one, a little bit odd, as if I were a stranger in the house.
For days on end I sat by the window and embroidered; and as an
embroiderer, I had a rare talent. I embroidered wings, along with trees,
also flowers – it was magnificent to behold. I'd never been taught but I
had a gifted mind, and what the eye saw, the hand soon reproduced.

When I was still a child, a girl of not quite ten, I embroidered a
curtain for the Holy Ark, and it lit up the whole synagogue. It was
embroidered with gold and silk, except for the Star of David, which
was done in pearls – sewn with the tiniest of pearls!

I understood how to select colors as does a painter; under my
hands the canvas became alive, and the trees grew and grew as if they
were in a great, green field. I sat for entire days engrossed in my work,
not speaking a single word. Even if a fire had broken out, I still would
not have uttered a sound.

"I beg of you, my darling – may you be well – what kind of demon
is tormenting you?" my mother would many times burst out in anger,
but would afterwards bite her tongue. She did not want to swear at
her child; she trembled before curses as if they were fire. All her rage,
however, all the bitterness in her heart, she would unleash on her
husband, alas, on my handsome father:

"Why don't you concern yourself about this? How will things turn
out for her?

"It's proper to you then, that she sits here until she is an old maid"
she raged at him. "Why aren't you seeing to it that a match is made?
Too few wealthy men in town? Go to all your householders, yell,
exclaim to them: Jews! In the streets lies merit for the World to Come!
A Jewish maiden, nineteen years old..."

*   *   *

Up in the garret of my girlfriend's mother there lived a young student
with big, huge dark eyes. He was sick, a consumptive. Yet such a gaze
he had, so deep, so passionate. At night, when everyone else was asleep,
he would play his fiddle. There he would play, sitting in the window,
under the open sky, above him the stars....

איך בין געווען אַ שווײַגעווודיקע, עפּעס אַ מאָדנע, אַזוי ווי אַ פֿרעמדע אין שטוב. גאַנצע טעג בין איך געזעסן בײַם פֿענצטער און געהאָפֿטן. אַ העפֿטערין בין איך געווען אַ זעלטענע: פֿליגל מיט ביימער, מיט בלומען; עס איז געווען אַ פּראַכט אָנצוקוקן.

געלערנט האָט מיך קיינער נישט, נאָר אַ קאָפּ האָב איך געהאַט אַ פֿײַערדיקן, און וואָס דאָס אויג האָט דערזען, האָט די האַנט באַלד נאָכגעמאַכט.

נאָך אַלס קינד, אַ מיידל כּמעט פֿון צען יאָר, האָב איך געהאַט אויסגעהאָפֿטן אַ פּרוכת, איז די שול גאָר פֿאַרשײַנט געוואָרן. עס איז געווען געהאָפֿטן מיט גאָלד און מיט זײַד, דער מגן־דוד אָבער מיט פּערל, מיט גאָר קלייניטשיקע פּערל אויסגעניייט.

פֿאַרבן צוקלײַבן האָב איך פֿאַרשטאַנען ווי אַ מאָלער. די קאַנווע האָט אונטער מײַנע הענט געלעבט און די ביימער האָבן געוואַקסן און געוואַקסן, ווי אויף אַ גרויסן, גרינעם פֿעלד. און געזעסן בין איך גאַנצע טעג פֿאַרטיפֿט אין מײַן אַרבעט און האָב נישט געהערט קיין וואָרט. עס וואָלט געקאָנט ברענען, וואָלט איך מיך אויך נישט געוועזן אָנגערופֿן.

– איך בעט דיך, מײַן קרוין! זאָלסט מיר אַזוי געזונט זײַן, וואָס פֿאַר אַ שוואַרץ־יאָר איז דיר? – האָט די מאַמע זיך וויפֿל מאָל פֿונאַנדערגעבייזערט, נאָר באַלד ווידער פֿאַרביסן די ליפּן. שעלטן האָט זי איר קינד נישט געוואָלט, פֿאַר קללות האָט זי געציטערט, ווי פֿאַר פֿײַער. דעם גאַנצן כּעס אָבער, דאָס גאַנצע פֿאַרביטערט האַרץ פֿלעגט זי אויסלאָזן צום מאַן, צום שיינעם טאַטן, מישטיינס געזאָגט:

– פֿאַר וואָס קלערסטו נישט? וואָס וועט זײַן דער תּכלית?

– בײַ דיר וואָלט געווען רעכט, זי זאָל זיצן ביזן גראָען צאָפּ! – האָט זי זיך געבייזערט – פֿאַר וואָס זעסטו נישט אַ שידוך טאָן? ווינציק גבֿירים אין שטעטל? גיי צו דײַנע בעלי־בתּים, שרײַ, רוף: ייִדן! עולם־הבא ליגט אין די גאַסן! אַ ייִדיש מיידל פֿון נײַנצן יאָר....

* * *

אויבן אין דאַכשטיבל, בײַ מײַן חבֿרטאָרינס מאַמע, האָט געוווינט אַ יונגער סטודענט מיט גרויסע, גרויסע שוואַרצע אויגן. אַ קראַנקער איז ער געווען, אַ שווינדזיכטיקער, נאָר אַ בליק האָט ער געהאַט אַ טיפֿן, אַ פֿײַערדיקן. בײַ נאַכט, ווען אַלע פֿלעגן שוין שלאָפֿן, פֿלעגט ער שפּילן אויף דער פֿידל. שפּילן פֿלעגט ער, זיצנדיק אויפֿן פֿענצטער אונטערן אָפֿענעם הימל, איבער אים די שטערן....

I wouldn't sleep; for hours and hours I listened, and I trembled. The fiddle spoke words, sweet and sad . . . it wailed and pleaded, it called . . . One time my mother had gotten out of bed and dragged me down from the window by my hair.

And truly in my house I felt like a stranger, like a prisoner, like someone bought and sold. I was drawn to somewhere far away, far – to where, I myself didn't know. It seemed to me that I had been born in another land, among other people, in a different society. I dreamed of other worlds, these beautiful worlds, of crystal palaces with enchanted emperors and empresses.

In my thoughts were being woven and embroidered images even more beautiful than the flowers and trees on my canvas – images painted with colors brighter and more vivid than those of the greatest artists. And it intoxicated me, elated me, inspired me. Hours long I stared, engrossed in those pictures, in my own thoughts. I saw myself free and proud in those crystal palaces, with those enchanted kings – near me a prince, an enchanted prince.

I loved – so terribly loved – this bridegroom, the Unknown One, who lived deep in my heart, quietly, so very quietly, such an intimate quiet. Many were the times that with a rush of intense feeling, I pressed my hands to my heart and called out into the air: "Come already, come!"

My father, when my mother was not at home – he feared her as he did fire – would quietly come up to me, take me by the hand, and stroke the part of my hair softly, with a loving softness.

"Don't worry, child!" he consoled me. "Your intended, God willing, will come." And I would look at my father and smile.

*　　*　　*

I sat with my girlfriend in front of our house on the lovely green grass, embroidering a watch pouch for her as a Purim gift for her groom. It was a warm spring day, and the little birds in the breezes danced and sang – it was a song filled with joy and delight, a wedding song, and the birds danced their wedding dance.

איך פֿלעג נישט שלאָפֿן. שעהען לאַנג בין איך געזעסן און געהאָרכט און געציטערט. די פֿידל האָט גערעדט ווערטער, זיס און טרויעריק... זי האָט געקלאָגט און געבעטן. זי האָט גערופֿן....

די מאַמע מײַנע איז איין מאָל אויפֿגעשטאַנען פֿונעם בעט און מיך בײַ די האָר אַראָפּגעצויגן פֿון פֿענצטער.

און איך האָב מיך אין שטוב געפֿילט טאַקע ווי אַ פֿרעמדע, ווי אַ געפֿאַנגענע, ווי אַ פֿאַרקויפֿטע. עס האָט מיך געצויגן ערגעץ ווײַט, ווײַט, איך האָב אַליין נישט געוווּסט וווּהין. עס האָט זיך מיר געדאַכט, דאָס איך בין געבאָרן אין אַן אַנדער לאַנד, צווישן אַנדערע מענטשן, אין אַן אַנדערער אומגעבונג. עס האָט זיך מיר געחלומט פֿון אַנדערע שיינע וועלטן, קרישטאָלענע פּאַלאַצן פֿון פֿאַרכּישופֿטע קייסערס און קייסערינעס. אין מײַנע געדאַנקען האָבן זיך מיר עפּעס געוועבט און געשטיקט בילדער, שענער נאָך ווי די בלומען אוןביימער אויף מײַן קאַנווע. עס האָבן זיך געמאָלט פֿאַרבן העלער און לעבעדיקער ווי די פֿאַרבן פֿון די גרעסטע מאָלערס. און באַרוישט האָט עס מיך, באַלעבט, באַגײַסטערט. שטונדנלאַנג האָב איך געבליקט, פֿאַרזונקען מיך אין יענע בילדער, אין מיר זעלבסט. איך האָב מיך געזען פֿרײַ, שטאָלץ אין יענע קרישטאָלענע פּאַלאַצן, מיט יענע פֿאַרכּישופֿטע קייסערס, נעבן מיר אַ פּרינץ, אַ פֿאַרכּישופֿטער פּרינץ.

געליבט האָב איך, שרעקלעך געליבט, דעם חתן, דעם אומבאַקאַנטן, וואָס האָט געוווינט טיף אין מײַן האַרץ, שטיל, גאָר שטיל, האַרצעדיק שטיל. מיט אַ הייסן געפֿיל האָב איך וויפֿל מאָל צוגעדריקט די הענט צום האַרצן און גערופֿן אין דער לופֿט אַרײַן: קום שוין! קום!

דער טאַטע מײַנער, ווען די מאַמע איז נישט געווען אין שטוב (פֿאַר איר האָט ער געציטערט ווי פֿאַר פֿײַער) פֿלעגט שטילערהייט צוגיין צו מיר, אָננעמען מיך בײַ דער האַנט און גלעטן מיר דעם שרונט, ווייך, האַרצעדיק ווייך.

– זאָרג נישט, קינד! – האָט ער מיך געטרייסט. – דײַן זיווג וועט אם־ירצה־השם קומען. – און איך פֿלעג אָנקוקן דעם טאַטן און שמייכלען.

* * *

געזעסן בין איך מיט מײַן חבֿרטע פֿאַרן שטוב אויפֿן שיינעם, גרינעם גראָז און האָב געהאָפֿטן פֿאַר איר אַ זייגער־טאַש צו אַ שלח־מנות פֿאַר איר חתן. עס איז געווען אַ וואַרעמער פֿרילינגס־טאָג און די פֿייגעלעך אין דער לופֿט האָבן געטאַנצט און געזונגען. אַ געזאַנג איז עס געווען פֿול פֿרייד און נחת, אַ חתונה געזאַנג. די פֿייגעלעך האָבן געטאַנצט זייער חתונה־טאַנץ.

"Mazel tov, little birds!" my girlfriend laughed and clapped her hands. "Mazel tov to you! May you celebrate a bris next year!"

I did not laugh; I sat preoccupied, gloomy. A feeling of anxiousness constricted my breast. Long did I spend picking out colors – from each color came forth to me a dozen others, very, very dark and very, very bright.

"Mindele! Why hasn't he played for the last two nights?" I asked quietly, oh so quietly, holding my breath. My lips trembled.

"He is ill, Goldele, mortally ill. He can play no more."

My heart thudded like a hammer; I didn't speak, didn't reply. The canvas fell out of my hands; my eyes soared far, far away.

"My child," my mother came up to me. "Put aside your work; enough taking care of other brides and making gifts for other grooms. Tomorrow, God willing, it's for your own betrothed that you'll be embroidering trees, birds, and flowers...your engagement contract is being written. Child, get up!"

I remained seated, my head hanging low, silent, pensive, my mind far away. The little birds in the air above us danced and sang. Before my eyes swam the flowers and trees that I had sewn onto my canvas. Inside me, my heart wailed and shrieked. With love and longing, I pressed my face to the bright colors.

"Leybl Sender Katz: a wealthy bridegroom! Get up, child, come!"

SALOMEA PERL
Der Shtral
Shevat (Jan/Feb) 1910
Warsaw

– מזל טובֿ, פֿייגעלעך! – האָט געלאַכט מײַן חבֿרטע און געפּאַטשט אין די הענט – מזל טובֿ אײַך! איבער אַ יאָר אַ ברית!

איך האָב נישט געלאַכט, איך בין געזעסן פֿאַרטראַכט, פֿאַרקלעמט. אַ באַנג געפֿיל האָט מיך צוגעשנורעוועט די ברוסט. לאַנגזאַם האָב איך צוגעקליבן פֿאַרבן. יעדע פֿאַרב האָט געהאַט צענערליי אַנדערע פֿאַרבן: גאַנץ, גאַנץ טונקל און גאַנץ, גאַנץ העל.

– מינדעלע! פֿאַר וואָס האָט ער שוין צוויי נעכט נישט געשפּילט? – האָב איך זי געפֿרעגט שטיל, גאָר שטיל מיט אַ פֿאַרכאַפּטן אָטעם. די ליפּן מײַנע האָבן געציטערט.

– ער איז קראַנק, גאָלדעלע, שטערבלעך קראַנק. ער קען נישט מער שפּילן.

דאָס האַרץ האָט אין מיר געקלאַפּט ווי מיט אַ האַמער. איך האָב נישט גערעדט, נישט געענטפֿערט. די קאַנווע איז מיר אַרויסגעפֿאַלן פֿון די הענט, מײַנע אויגן זענען געפֿלויגן ווײַט, ווײַט געפֿלויגן!

– קינד מײַנס – איז צוגעגאַנגען די מאַמע – לייג אַוועק די אַרבעט, גענוג שוין פֿרעמדע כּלות פֿאַרזאָרגט און פֿרעמדע חתנים באַשענקט. מאָרגן אם־ירצה־השם וועסטו שוין פֿאַר דײַן אייגענעם חתן העפֿטן ביימער מיט פֿייגל, מיט בלומען... דו שרײַבסט תּנאָים, קינד, שטיי אויף!

איך בין געבליבן זיצן מיט אַן אַראָפּגעלאָזענעם קאָפּ, שטיל, פֿאַרטראַכט, פֿאַרחלומט. די פֿייגעלעך איבער אונדז אין דער לופֿט האָבן געטאַנצט און געזונגען. פֿאַר מײַנע אויגן האָבן געשוווּמען בלומען און ביימער, וואָס איך האָב זיי געניייט אויף דער קאַנווע. דאָס האַרץ האָט אין מיר געוויינט און געשריִען. מיט ליבע און בענקשאַפֿט האָב איך צוגעדריקט מײַן פּנים צו די העלע פֿאַרבן.

– לייב׳ל סענדער כּץ: אַ גבֿירישער חתן! שטיי אויף, קינד, קום!

סאַלאָמעאַ פּערל

דער שטראַל

שבֿט 1910

וואַרשע

The Theater

"A fine son-in-law you've acquired for yourself, may it happen to all my enemies," said Beile angrily to her husband. "Again the evil spirit has entered him – again he's coming home late at night, just like he did last year. God forbid that we should have to go through this once more!"

"What? Is he going to the theater again?" a startled Moishe replied in alarm.

"Only the demons would know..." she answered testily. "After all, am I watching him to see where he goes? It's enough that three, four times a week now, he's again coming home at one or two o'clock in the morning."

"To hell with that young man," Moishe banged his hand on the table. "Only the Dark One knows what has become of him; such a brilliant mind, such a Talmudic genius, and suddenly – such a disgrace. And what does Malke say?"

"Malke?" She repeated the question. "Malke? She is a child; of course she loves him; indeed, he is a fine-looking young man – tall as a tree. Well, certainly she won't divorce him!"

"Who is talking about a divorce?" he said heatedly. He got up and paced across the room. Distressed, he tugged at his beard and continued:

"A divorce? Who's talking about a divorce? Have you forgotten that he's a grandchild of Reb Zadok, and who is Reb Zadok, do you know? Reb Zadok" – filling with pride, he stopped pacing – "is one of the 'Lamed Vovniks,' the thirty-six hidden righteous ones! To have such an in-law doesn't seem like a small thing, does it? Don't you think? No shame there, it seems, right?"

"Yes...."

Now Beile wanted her turn to speak, but he had not yet finished with his:

דאָס טעאַטער

- אַ שיינעם איידעם האָסטו דיר אײַנגעהאַנדלט, אויף אַלע מײַנע שׂונאים געזאָגט - מאַכט ביילע מיט כּעס צום מאַן - עס איז אין אים שוין ווידער אַרײַן דער דיבוק, ער קומט שוין ווידער אַהיים שפּעט בײַ נאַכט, אַזוי ווי פּאַראַיאָרן, נישט הײַנט געדאַכט!

- וואָס? ער איז שוין אפֿשר ווידער אין טעאַטער? - האָט זיך משה אויפֿגעכאַפּט דערשראָקן.

- די שדים ווייסן - האָט זי בייז געענטפֿערט - איך קוק אים דען נאָך, וווהין ער גייט? געננוג, אַז דרײַ, פֿיר מאָל אין דער וואָך קומט ער שוין ווידער אַהיים איינסן־צווייען בײַ נאַכט.

- אַ שיינע ריינע כּפּרה מיט דעם יונג - האָט ער געגעבן אַ קלאַפּ מיט דער האַנט אָן טיש אַרײַן - דאָס שוואַרצע־יאָר ווייסט, וואָס פֿון אים איז געוואָרן; אַזאַ פֿײַערדיקער קאָפּ, אַזאַן עלוי און פּלוצים - אַזאַ מפּלה. און וואָס זאָגט מלכּה?

- מלכּה? - האָט זי ווידער געפֿרעגט - מלכּה? זי איז אַ קינד, זי האָט אים אַוודאי ליב, אַ שיינער יונג איז ער, טאַקע - הויך געוואַקסן, ווי אַ בוים - נו, גטן וועט זי זיך מיט אים אַוודאי נישט!

- ווער רעדט פֿון אַ גט? - האָט ער זיך אָנגעכאַפּט. ער הייבט זיך אויף און גייט איבער דער שטוב; פֿאַרזאָרגט און צופּנדיק די באָרד, רעדט ער ווײַטער:

- אַ גט? ווער רעדט פֿון אַ גט? פֿאַרגעסט? רב צדוק׳ס אַן אייניקל, און ווער רב צדוק איז, ווייסטו? רב צדוק - ער שטעלט זיך אָפּ מיט אַ גדלות - איז איינער פֿון די ל״ו צדיקים! אַזאַ מחותּן צו האָבן איז דאַכט זיך קיין קלייניקייט נישט, האַ? ווי מיינסטו? קיין בושה, דאַכט זיך, האַ?

- יאָ... - וויל ביילע קומען צום וואָרט, נאָר ער האָט נאָך נישט געענדיקט זײַנס:

"And don't worry," he cut her off, "with God's help, I'll drive the craziness out of him, as I did with him a year ago." He halted once again in front of Beile.

"Do you remember that jacket of his?" Once more he became infused with pride.

"I cut it up into little pieces, and the student who talked him into it – I told him off good and ran him off; Dovid himself received a stinging slap."

  Beile was horrified!

"I beg you, Moishe, don't lose your temper so quickly; one can sometimes accomplish more with a carrot than with a stick."

"Of course I'll try the carrot first!"

"The most important thing," said Beile, "for me, is Malke. She nearly died back then; I didn't think she would be able to endure it...."

"Ay! Well, enough of this! But if you like, speak first with Malke... maybe she knows something about it...."

"Everything would be all right," said Beile, "if he prayed with you at the same prayer house...."

"He doesn't want to, the scoundrel!"

"And perhaps," Beile attempted, "You would go to *his*?"

"What? Have you lost your mind? Do you want to catch an earful from me? Will you talk me into all kinds of bad ideas? Isn't it enough that all these problems are because of you?"

"Because of me?" Beile retorted, offended. "Because of me? Was I the one who made that jacket for him last year? Brought a student here? Took him to the theater?"

"Come, come; I know – no evil eye – what a mouth you've got... that we should pray in the same prayer house!... It would have been better if you hadn't insisted on a separate apartment for them. Then we would all be living together, and he wouldn't be coming home at all hours!"

"I've already told you, that today they can't... today they no longer... these days a couple must live apart, today...."

– און זאָרג נישט – האַקט ער איר איבער – פֿון דוד׳לען וועל איך, מיט גאָטס הילף, דאָס משוגעת אַרויסטרײַבן, אַזוי ווי איך האָב אַרויסגעטריבן פֿאַראַיאָרן. – ער שטעלט זיך ווײַטער אָפּ פֿאַר ביילען:

– געדענקסט די מאַרינאַרקע?

ער פֿאַלט ווײַטער אַרײַן אין אַ גדלות:

– איך האָב זי צעשניטן אויף שטיק־שטיקלעך; דעם סטודענט, וואָס האָט אים אָנגערעדט דערצו, האָב איך גאַנץ גוט אָנגעזידלט און אַרויסגעטריבן; ער אַליין האָט געלייזט אַ פֿײַערדיקן פּאַטש....

ביילע דערשרעקט זיך!

– איך בעט דיך, משה – ווער נישט באַלד אַזוי צעקאָכט; מיט גוטן קאָן מען אַ מאָל בעסער אויספֿירן, בעסער ווי מיט בייזן....

– אַוודאי, וועל איך פּרוּוון פֿריִער מיט גוטן!

– דער עיקר – מאַכט ביילע – גייט מיר אין מלכּה׳ן. זי האָט דעמאָלט אַ האַלב לעבן פֿאַרלוירן, איך האָב געמיינט, זי וועט עס נישט אויסהאַלטן....

– אײַ! נו, פּטור! נאָר, אַז דו ווילסט, רעד פֿריִער מיט מלכּה׳ן... אפֿשר ווייסט זי עפּעס דערפֿון....

– עס וואָלט אַלץ גוט געווען – מאַכט ביילע – ווען ער זאָל דאַוונען מיט דיר אין איין שטיבל....

– וויל ער נישט, דער שייגעץ!

– און אפֿשר – פּרוּווט זיך ביילע – וואָלטסטו צו זײַנס געפֿאָרן?

– וואָס? משוגע ביסטו? ווילסט לייזן פֿון מיר אַ פּאַרציע! וועסט מיך אָנרעדן צו אַל דאָס בייזס? נאָך ווייניק, אַז אַלץ קומט אַרויס פֿון דיר?

– פֿון מיר? – בלאָזט זיך אָן ביילע – פֿון מיר? איך האָב אים פֿאַראַיאָרן אַ מאַרינאַרקע געמאַכט? אַ סטודענט געברענגט? אין טעאַטער געפֿירט?

– נו, נו, אַ מויל, קיין עין־הרע, ווייס איך, האָסטו... אין איין שטיבל זאָלן מיר דאַוונען!... וואָלטסטו דיך בעסער נישט אײַנגעשפּאַרט אויף אַ באַזונדערן אַלקער... וואָלטן מיר בעסער געווינט צוזאַמען, וואָלט ער שוין נישט אַהיימגעקומען שפּעט!

– איך האָב דיר שוין געזאָגט, אַז מען קען נישט, הײַנט קען מען שוין נישט... הײַנט מוז אַ פֿאָרפֿאָלק ווינען באַזונדער, הײַנט....

"Today? Again and again with today! What is happening these days? Is the world turning itself upside down, or what? But why am I even talking; you've had your way, and that's enough...."

Affronted, Beile was silent.

"Well, what do we do?" She asked after a while.

"What do we do? I'm going to his prayer house; if I find him there, it will be his death! And you go to see Malke; talk the matter over with her."

*   *   *

Malke was sitting on the bed lost in thought, her head hanging low. The lamp on the nightstand cast a pale light onto her slight, attractive, yet downcast figure.

"Is that you, Dovid?" she jumped up, hearing steps. Catching sight of her mother, she stood there ashamed with a blushing face.

"I thought it was Dovid," she explained defensively, and sat back down.

"Your Dovid, it appears, is once again a man about town," said Beile in a mocking and bitter tone. "It's already nine o'clock and he lets you sit here by yourself..."

Malke let out a moan.

"Last year he was dealing with students, books, trifles... what is it about today?"

"I should know?"

"A strange spirit has taken ahold of this boy!"

"How do I know?" Malke said quietly. "He says he's suffocating here."

"Suffocating? It's not suffocating at all, what an amazing lie... and well, if it is – you can open a window!"

"He says," Malke continued, her voice becoming even sadder, "he says, that he feels tied down here, confined...."

"Is that so? Free? He wants to do whatever he pleases? Without having to answer to anyone?" Beile said angrily. "And you, what do you say?"

– הײַנט? ווײַטער הײַנט און אָבער הײַנט! וואָס איז הײַנט? די וועלט קערט זיך איבער, וואָס? נאַר, וואָס וועל איך רעדן אומזיסט, האָסט אויסגעפֿירט און גענוג....

ביילע שווײַגט באַליידיקט.

– נו, וואָס טוט מען? – פֿרעגט זי נאָך אַ ווײַלע.

– וואָס מען טוט? איך גיי אין זײַן שטיבל אַרײַן! געפֿין איך אים דאָרט, וועט זײַן זײַן טויט! און דו גיי אַרײַן צו מלכהן, שמועס מיט איר איבער די זאַך!

* * *

מלכה איז געזעסן אויפֿן בעט, פֿאַרטראַכט, מיט אַן אַראָפּגעלאָזענעם קאָפּ. דאָס נאַכט־לעמפּל האָט געוואָרפֿן אַ בלאַסע שײַן אויף איר דראָבנע חנעוודיק טרויעריק געשטאַלט.

– דאָס ביסטו, דוד? – האָט זי זיך אויפֿגעכאַפּט, דערהערנדיק טריט. נאָר זי האָט דערזען די מוטער, און איז געבליבן שטיין פֿאַרשעמט מיט אַ גערייטלט פּנים.

– איך האָב געמיינט ס׳איז דוד – האָט זי זיך פֿאַרענטפֿערט. און זיך צוריק געזעצט.

– דײַן דוד, זעט אויס, איז שוין ווײַטער אַ ווילער יונג – האָט ביילע געזאָגט מיט אַ חוזק און ביטערקייט – עס איז שוין 9 דער זייגער און ער לאָזט דיך נאָך אַליין זיצן....

מלכה קרעכצט.

– פֿאַראַיאָרן האָט ער געהאַט צו טאָן מיט סטודענטן, ביכער, שמאָנצעס... הײַנט וואָס?

– איך ווייס?

– אַ גילגול שטעקט אין דעם יונג!

– ווייס איך? – מאַכט מלכה שטיל. – ער זאָגט, עס איז אים דאָ דושנע.

– דושנע? עס איז גאָר נישט דושנע, שקר שקרים... און אַז יאָ – עפֿנט מען אַ פֿענצטער!

– ער זאָגט – פֿירט מלכה ווײַטער און דאָס קול ווערט איר נאָך טרויעריקער – ער זאָגט, אַז ער פֿילט זיך דאָ געבונדן, נישט פֿרײַ....

– אַזוי? פֿרײַ? הפֿקר וויל ער זײַן? אָן השגחה? – בייזערט זיך ביילע – און וואָס זאָגסטו, האַ?

Malke was silent. Her head dropped even lower, and she bit her lower lip so that she would not let loose of the wail that was splitting apart her breast. Beile's heart took pity on her and moving closer to her, took her by the hand – a hand that was trembling.

"There, there," said Beile with a calm, soft voice. "Now then, don't be frightened, it will all work itself out. . . . "

Malke bent over and hid her head in her mother's lap. Her mother stroked her wig.

"With God's help, everything will turn out right," she consoled her daughter. "But you must help us . . . Papa and I . . . you must tell us everything, everything. . . . "

"Everything?" Malke was taken aback.

"Certainly! First you must keep an eye on him, follow after him, and see who he goes around with. . . . "

Malke remained mute.

"Haven't you noticed anything?" her mother continued, questioning her.

"No. . . . "

"Oh yes," her mother said, recollecting something. "Keep your eye especially on his tallis kotn . . . see if he doesn't leave it at home sometimes.

"Do you understand, child?" her mother continued. "A Jew who wears a tallis kotn doesn't roam about late at night." Seized by a yawn, she cast an eye on the clock. "Ay! It's already very late, ten o'clock. Last night at this same time, I'd already rolled over onto my left side."

She got up.

"Go to sleep, Malke. Don't wait on this lowlife. Don't worry; he'll catch plenty from Papa."

*   *   *

Her mother went out, and Malke began to pace around the room, wringing her hands as her lips trembled. Her mother's words weighed on her like a stone on her heart. . . .

– מלכּה שווײַגט, זי האָט נאָך נידעריקער אַראָפּגעלאָזט דעם קאָפּ און פֿאַרביסן די אונטערשטע ליפּ, זי זאָל נישט אַרויס מיט אַ געוויין, וואָס האָט איר די ברוסט צעשפּאַרט. ביילע קריגט אויף איר הערצלעך רחמנות. זי רוקט זיך צו און נעמט זי אָן בײַ דער האַנט. די האַנט ציטערט.

– נו, נו – מאַכט ביילע מיט אַ געלאַסן און ווייך קול – נו, נו, שרעק דיך נישט, עס וועט זיך אַלץ אויסגלײַכן....

מלכּה בייגט זיך איבער און באַהאַלט דעם קאָפּ אין דער מוטערס שויס, די מוטער גלעט איר דאָס שייטל.

– אַלץ וועט מיט גאָטס הילף גוט זײַן – טרייסט זי זי – נאָר העלפֿן מוזסטו אונדז...מיר מיטן טאַטן...דו מוזט אונדז אַלץ, אַלץ זאָגן....

– אַלץ? – שטוינט מלכּה.

– אַוודאי! ערשטנס מוזסטו אים נאָכקוקן, נאָכגיין, וויסן מיט וועמען ער גייט....

מלכּה שווײַגט.

– האָסט נישט עפּעס באַמערקט? – פֿרעגט ווײַטער ביילע.

– ניין....

– יאָ – דערמאָנט זיך די מוטער – גיב נאָר אַכטונג אויפֿן טלית קטן...זע נאָר, צי ער לאָזט אים נישט אַ מאָל איבער אין דער היים.

– פֿאַרשטייסט, קינד? – האָט די מוטער ווײַטער געצויגן. – אַ ייִד, וואָס גייט אין אַ טלית קטן, שלעפּט זיך נישט אַרום בײַ נאַכט. – עס כאַפּט זי אָן אַ געוויין און זי וואַרפֿט אַן אויג אויפֿן זייגער.

– אײַ! עס איז שוין טאַקע אמת שפּעט, צען דער זייגער; נעכטן אין דער צײַט האָב איך מיך שוין איבערגעדרייט אויף דער לינקער זײַט.

זי הייבט זיך אויף.

– גיי שלאָפֿן, מלכּה, וואַרט נישט אויפֿן הולטײַ. נישקשה, ער וועט לייזן פֿון טאַטן!

* * *

די מוטער איז אַרויסגעגאַנגען און מלכּה האָט אָנגעהויבן צו גיין אַרום דער שטוב, מיט פֿאַרבראָכענע הענט און ציטערדיקע ליפּן. דער מוטערס ווערטער האָבן זיך איר געלייגט ווי אַ שטיין אויפֿן האַרצן....

They will beat him! Her Dovid! Yet maybe he really is on a bad path – she doesn't know. She doesn't understand what's become of him, from the way he was last year to the way he is now. Yet she would prefer that they castigate and beat *her* instead of Dovid. A year ago, he was still a child, yet over this past year he'd really become a man; above his upper lip – such sweet whiskers had now grown. His eyes, too, were very different these days, so passionate and lively; his cheeks seemed altered, his gestures had changed...But why does he feel stifled? Why does he flee from the house every night? Why doesn't he talk to her?

She sat back down on the bed and rested her young, distressed face on her hands...He's keeping bad company, she knows this, although she won't tell her mother, her father certainly not...He's learning to play a musical instrument...!

Yesterday someone came to visit him; probably the one who's teaching him how to play...he must be a musician...they were talking about the theater. Seized by weeping, she threw her whole body on the bed, her face in the pillow to muffle her sobs. At the thought that he might be going to the theater – her heart skipped a beat in terror!

She has never been to the theater. She does know where it is; she'd been by the box office with a girlfriend and seen where the tickets were sold. She'd seen, too, the steps on which one walks up to the entrance, those white marble steps. Her companion tried to persuade her to go in, but she would not be led astray. More than once, she'd heard her father say that the theater contained idolaters, showboys dancing with showgirls, and all manner of sorcerers imitating rain, thunder and lightning to spite God, just like the magicians once did in Egypt!

Yet her girlfriend had told her something different: she said that in the theater people sing – forgive the comparison – more beautifully than in synagogue...and truly, for that lie, she had cut herself off from her friend – she doesn't want to know her anymore...what good would it do her to have anything to do with sorcery? And her Dovid is in the theater, among idolaters, sorcerers, and – she doesn't want to let the words pass over her lips!

„מען וועט אים שלאָגן! איר דוד'ן!" נאָר אפֿשר איז ער טאַקע אויף אַ שלעכטן וועג, זי ווייסט נישט; זי פֿאַרשטייט נישט, וואָס פֿון אים איז געוואָרן, וואָס פֿאַראַיאָרן איז געווען און וואָס היינט איז; נאָר געוואָלט וואָלט זי בעסער „מען זאָל זי זידלען און שלאָגן איידער דודן." „און פֿאַראַיאָרן איז ער נאָך אַ קינד געווען; איבערן יאָר איז ער ווונדערלעך אויפֿגעוואַקסן, איבער דער אייבערשטער ליפּ האָבן אים שוין הערעלעך - אַזוינע זיסע וואָנצעלעך אַרויסגעשפּראָצט, און אויגן האָט ער אויך גאָר אַנדערע, אַזוינע הייסע, לעבעדיקע, און באַקן אַנדערע, און תּנועות אַנדערע"... „נאָר פֿאַר וואָס איז אים דושנע?" „פֿאַר וואָס אַנטלויפֿט ער אַלע נאַכט פֿון דער היים? פֿאַר וואָס רעדט ער נישט מיט איר?"

זי זעצט זיך צוריק אויפֿן בעט און שפּאַרט אָן דאָס יונג־פֿאַרזאָרגטע פּנים'ל אויף דער האַנט... „שלעכטע חבֿרים האָט ער, זי ווייסט, כאָטש דער מוטער וועט זי נישט זאָגן, דעם פֿאָטער אַוודאי נישט... שפּילן לערנט ער זיך....!"

„נעכטן איז עמעץ ביי אים געווען; אַוודאי דער, וואָס לערנט אים שפּילן... אַ כלי־זמר מוז ער זיין... זיי האָבן פֿון טעאַטער גערעדט."

עס כאַפּט זי אָן אַ געוויין, און זי וואַרפֿט זיך אין גאַנצן אויפֿן בעט מיטן פּנים אין קישן אַריין, דאָס געוויין צו פֿאַרשטיקן, אויפֿן געדאַנק אַז ער גייט אפֿשר אין טעאַטער אַריין, בלייבט איר דאָס האַרץ שטיין פֿאַר שרעק! זי איז נאָך קיין מאָל אין טעאַטער נישט געווען. זי ווייס אַפֿילו ווו עס איז, זי איז שוין מיט אַ חבֿרטע ביי דער קאַסע געווען, געזען ווו מען קויפֿט בילעטן, אויך האָט זי געזען די טרעפּ, אויף וועלכע מען גייט אַרויף, מאַרמערנע, ווייסע טרעפּ, די חבֿרטע האָט זי אויך אָנגערעדט, נאָר זי איז נישט אַראָפּ פֿון רעכטן וועג; זי האָט נישט איין מאָל פֿון פֿאָטער געהערט, אַז אין טעאַטער זענען עבֿודה־זרהס, עס טאַנצן שקצים מיט שיקסעס, און אַלערליי כּישוף־מאַכער מאַכן נאָך רעגן און דונערן און בליצן גאָט אויף צו להכעיס, פּונקט ווי אַמאָל די כּישוף־מאַכער אין מצרים! די חבֿרטע האָט אַפֿילו אַנדערש געזאָגט, זי האָט געזאָגט, אַז אין טעאַטער זינגט מען, להבֿדיל, שענער ווי אין שול... נאָר זי האָט טאַקע פֿאַר דעם ליגן אָפּגעהאַקט פֿון דער חבֿרטע; זי וויל זי שוין מער נישט קענען... וואָס טויג איר צו האָבן צו טאָן מיט כּישוף? און איר דוד איז אין טעאַטער, צווישן עבֿודה־זרהס, כּישוף־מאַכער און - וואָס זי וויל נישט ברענגען איבער די ליפּן!

It seems to her that her Dovid is standing bent over a deep well and will fall in at any moment...a cold sweat of fear covers her, and she jumps up.

He must be saved, rescued; and she herself, she doesn't want her mother to berate him, her father, God forbid, to beat him – no, she won't be able to bear it...she herself will do it all! She already knows what to do! She will go to him in the theater and tear him out of those godless hands; God will help her and she will not be harmed, and he will heed her words...at times, he loves her so much, so much...and she will weep before him...weep with bitter tears! Sometimes such things happen, when a wife must rescue her husband from hell! Her mother had once told her about an aunt of hers who had dragged her husband home from some very disgusting companions...her mother didn't want to say who and where and what, only that her aunt was prepared to sacrifice herself! They'd wanted to thrash her!

And she too, will sacrifice herself for her Dovid...only she won't go like her aunt did, armed with a broom, and she won't drag him home as did her aunt did – by the ears...instead she means to plead with him, to weep, to wrap her arms around his legs and kiss them – she will prevail...he loves her so much sometimes!

And if not, she wants to perish along with him!

*　　*　　*

Money she does have, for a droshky and a ticket; she's still kept on hand perhaps half of the cash that guests had given at her wedding for Dovid's Torah speech...she'd not wanted to lend it out for interest as her father had told her to do. She'd grown a bit affectionate towards these banknotes she'd received for that talk of his...and truly, it is with this money that she will save him....

As she goes down the street in the droshky, she closes her eyes – she's ashamed to meet the glance of anyone in the street; she doesn't want to see a familiar face. Leaning in a corner, she feels her heart trembling from fear....

עס דאַכט זיך איר, אַז איר דוד שטייט איבערגעבויגן איבער אַ טיפֿן ברונעם און וועט נאָר וואָס אַרײַנפֿאַלן... אַ קאַלטער שווייס באַדעקט זי פֿאַר שרעק, זי שפּרינגט אויף.

ראַטעווען מוז מען אים, ראַטעווען; און זי אַלייך; זי וויל נישט די מוטער זאָל אים זידלען, דער פֿאָטער זאָל אים חס־ושלום, שלאָגן; ניין, זי וועט עס נישט אויסהאַלטן... נאָר זי אַליין וועט אַלץ טאָן! זי ווייסט שוין וואָס צו טאָן! זי וועט צו אים גיין אין טעאַטער אַרײַן און וועט אים אַרויסרײַסן פֿון די גויִישע הענט; גאָט וועט איר העלפֿן און זי וועט נישט ניזוק ווערן, און ער וועט זי פֿאָלגן... ער האָט זי טייל מאָל אַזוי ליב, אַזוי ליב... און זי וועט וויינען פֿאַר אים... מיט ביטערע טרערן וויינען! עס טרעפֿן זיך אַזוינע זאַכן, אַז אַ ווײַב ראַטעוועט אַרויס דעם מאַן פֿון גיהנום! די מוטער האָט איר אַ מאָל פֿאַרציילט, ווי אירס אַ מומע האָט אַהיים געשלעפּט דעם מאַן פֿון גאָר אַ מיאוסער חבֿרה... זי האָט איר נישט געוואָלט זאָגן ווער און ווען און וואָס, נאָר מסירת־נפֿש, האָט די מומע געהאַט! מען האָט זי געוואָלט שלאָגן! און זי וועט זיך אויך פֿאַר איר דוד׳לען מוסר נפֿש זײַן... נאָר – זי וועט נישט גיין ווי יענע מיט אַ בעזעם, זי וועט אים נישט אַהיים שלעפּן ווי יענע בײַ די אויערן... זי וועט נאָר זיך בעטן בײַ אים... בעטן, וויינען, די פֿיס אַרומנעמען און קושן, זי וועט פּועלן... ער האָט זי טייל מאָל אַזוי ליב!

– אלא נישט, וויל זי פֿאַרפֿאַלן ווערן צוזאַמען מיט אים!

* * *

געלט אויף אַ דראָשקע מיט אַ בילעט האָט זי, עס ליגט נאָך בײַ איר אפֿשר האַלב „דרשה־געשאַנק" געלט... אַוועקבאָרגן אויף פּראָצענט, ווי דער פֿאָטער האָט געהייסן, האָט זי נישט געוואָלט, זי האָט עפּעס ליב געקריגן די באַנקע־צעטלען, וואָס זי האָט פֿאַר זײַן דרשה באַקומען... און מיט דעם געלט טאַקע וועט זי אים ראַטעווען....

פֿאָרנדיק אין דער דראָשקע איבער דער גאַס, פֿאַרמאַכט זי די אויגן – זי שעמט זיך דער גאַס אין פּנים אַרײַן צו קוקן, זי וויל קיין היימישן מענטש נישט זען. אָנגעלענט אין אַ ווינקל, פֿילט זי ווי דאָס האַרץ וואַרפֿט זיך בײַ איר פֿאַר שרעק....

Maybe she's not doing the right thing? A year ago, when Dovid was given a beating and she could not be consoled for her grief and heartache, her mother had said to her that he was not worth her tears, that he was a deceptive thing, a worm-eaten plum, that he'll be thrown out along with the garbage, and that she will yet get a handsomer and better husband. . . .

But then she had wept even more . . . because even if a king should come, a king with a jeweled crown on his head, she still wouldn't trade him for her Dovid . . . after all, doesn't her mother know what a sweet Dovid she has? Does she realize this? . . . At that time, he had wanted to run away again . . . he was packing his bags! Yet when he was done, he had gazed and gazed at her, until his heart was softened . . . she could not utter a word, but he fell at her feet and had. . . .

"Whoa!"

They are at the theater already. There's no line in front of the box office. She wants a ticket for "whatever it costs," lays her purse down. The cashier notes her predicament, gives her a ticket, and counts out the price of the ticket himself.

"First floor," he tells her, "on the right . . . number 110 . . ."

*   *   *

In the theater, she turns her face away from the stage; she feels that here must be actual sorcery, true idolatry . . . if it weren't so cramped, so impossible to extricate her arm, she would cover her ears . . . at any rate, she'll close her eyes just until it becomes quieter. Surely here, in the theater, there must also be – excuse the comparison – a pause in the service like when the Torah is taken out, an intermission, and then she'll search for him; she'd know him a mile away.

She closes her eyes, but the music intrudes upon her ears . . . they are singing, and they are playing so sadly, so weepingly, coming so much from the heart, that it matches her situation precisely, her heartache. . . .

„אפֿשר טוט זי נישט גלייַך? פֿאַראַיאָרן, ווען מען האָט דוד׳לען געשלאָגן, און זי האָט זיך נישט געקענט טרייסטן פֿון עגמת־נפֿש און האַרצווייטיק, האָט איר די מוטער געזאָגט, אַז ער איז נישט ווערט אירע טרערן, אַז ער איז אַן אָפּגענאַרטע זאַך, אַ ווערעמדיקע פֿלוים, אַז מען וועט אים נאָך מיטן מיסט אַרויסוואַרפֿן, אַז זי וועט נאָך אַ שענערן און אַ בעסערן מאַן באַקומען. . . .

נאָר דעמאָלט האָט זי נאָך מער געוויינט. . . וואָרן „ווען אַ מלך זאָל קומען, אַ מלך מיט אַ בריליאַנטענער קרוין אויפֿן קאָפּ, וואָלט זי אויך איר דוד׳לען נישט פֿאַרטוישט״. . . „די מאַמע ווייסט דען, וואָס פֿאַר אַ זיס דוד׳דל זי האָט? זי פֿילט דען?. . . ער ווײַטער האָט דעמאָלט געוואָלט אַנטלויפֿן. . . געפּאַקט האָט ער זיך! נאָר דערנאָך האָט ער אויף איר געקוקט און געקוקט, ביז דאָס האַרץ איז אים ווייך געוואָרן. . . זי האָט קיין וואָרט נישט געקענט אַרויסרעדן, נאָר ער איז צוגעפֿאַלן צו איר און האָט. . . .

– פּררו!

שוין דאָס טעאַטער. פֿאַר דער קאַסע איז לער; זי וויל אַ בילעט „פֿאַר וויפֿל עס איז״; זי לייגט אַנידער דאָס בײַטעלע, דער קאַסירער באַמערקט איר פֿאַרלעגנהייט, גיט איר אַ בילעט און נעמט זיך אַליין וויפֿל עס קומט.

– אויף ערשטן שטאָק – זאָגט ער איר – רעכטס. . . נומער 110. . . .!

* * *

זי איז אין טעאַטער און דרייט זיך אַוועק מיטן פּנים פֿון דער סצענע; זי פֿילט, אַז דאָרטן מוז זײַן דער רעכטער כּישוף, די אמתע עבֿודה־זרה. . . עס זאָל נישט זײַן אַזוי ענג, אַזוי אוממעגלעך די האַנט אַרויסצובאַקומען, וואָלט זי זיך די אויערן פֿאַרשטעלט; על־כּל־פּנים וועט זי די אויגן צומאַכן, ביז עס וועט נאָר שטילער ווערן. . . דאָ מוז דאָך אויך זײַן, להבֿדיל, אַן „אויסנעמענס,״ אַן איבערהאַקעכץ, און דעמאָלט וועט זי אים שוין אָפּזוכן, אַ מײַל ווײַט וועט זי אים דערקענען.

זי פֿאַרמאַכט די אויגן, נאָר אין די אויערן רײַסט זיך איר אַרײַן די מוזיק. . . און מען זינגט, און מען שפּילט אַזוי טרויעריק, אַזוי וויינענדיק, אַזוי פֿון האַרץ אַרויס, אַז עס פּאַסט פּונקט פֿאַר איר מזל, פֿאַר איר האַרצווייטיק. . . .

And the scene on the stage, which had at first scared her so, now begins to attract her like a magnet. In vain does her "yeytser-tov," her good inclination, try to keep her eyelids closed; they open on their own and grab onto every beam of light, her ears to every sound...and it all goes straight to her heart, and her heart is so tender, so incredibly tender, so saturated with tears....

Perhaps this is not a hell at all? This flashes through her mind, yet the thought goes no further – the scene forces its way into her heart and mind, here she can even forget her Dovid...when the kettle drum calls out or the braided trumpet sounds, her legs tremble beneath her; then when the fiddle sings or a clarinet wails – oh, then she feels so good....

God be praised, she thinks, in today's performance there are no sorcerers, no idolaters...no showgirls even...there, on the stage, are only fine ladies in silk and velvet dresses and noblemen standing in yellow boots with curved swords, dressed in gold and silver clothing... and one of them, the most handsome of them all, stands in the middle and presses his right hand to his heart; a heart that must be aching, and he sings tearfully, and all answer him in consolation, yet he does not allow himself to be comforted, and laments even more and more....

Suddenly, pushing his way through the noblemen and fine ladies there comes an old man. His hair is as grey as a dove, yet he has a voice like a lion, and – a pistol in his hand! He speaks with rage to the young man, the one who was weeping; he asks him something, one time, a second time, and then grasping the pistol, shoots him dead on the spot!

And only then did the inferno begin: the curtain fell and people began to clap their hands, to stomp their feet, to shout and make crazy sounds! They must certainly want the old murderer to be handed over to them – they will tear him to pieces! Everything turns dark before her eyes, she feels that she can bear it no longer, and runs out of the theater....

*   *   *

און די סצענע, וואָס האָט זי אַזוי געשראָקן, הייבט זי אַצינד אָן צו ציִען ווי אַ מאַגנעט. אומזיסט וויל איר „יצר־טובֿ" איינהאַלטן די ברעמען, זיי עפֿענען זיך אַליין און כאַפּן יעדער שטראַל ליכט, ווי דאָס אויער יעדער טאָן... און אַלץ קומט איר אין האַרץ אַרײַן, און דאָס האַרץ איז אַזוי ווייך, אַזוי וווּנדערלעך ווייך, אַזוי אָנגעזאַפּט מיט טרערן....

„ס'אפֿשר גאָר קיין גיהנום נישט?" בליצט איר אויף אין מוח - נאָר דער געדאַנק וויקלט זיך נישט ווײַטער - די סצענע רײַסט זיך איר מיט געוואַלד אין האַרץ און אין מוח אַרײַן, זי קען דאָ אַפֿילו איר דודן פֿאַרגעסן...אַז עס רופֿט זיך אָן די קעסלפּויק אָדער די „געפֿלאָכטענע טרומייט," ציטערן אונטער איר די פֿיס, נאָר אַז די פֿידל זינגט אָדער אַ קלאַרנעט וויינט, אָ דעמאָלט פֿילט זי זיך אַזוי גוט....

- געלויבט איז גאָט - טראַכט זי - וואָס הײַנט איז באמת אָן כּישוף־מאַכערס און אָן עבֿודה־זרהס...אָן שיקסעס אַפֿילו...עס שטייען נאָר פּאַנעס אין סאַמעטענע און זײַדענע קליידער, און פּריצים שטייען אין געלע שטיוול, קרומע שווערדן און גאָלדענע און זילבערנע קליידער...און איינער, דער שענסטער פֿון זיי, שטייט אין דער מיט און האַלט זיך צו מיט דער רעכטער האַנט דאָס האַרץ, עס מוז אים דאָס האַרץ ווײ טאָן, און ער זינגט מיט אַ יאָמער און אַלע ענטפֿערן אים מיט טרייסט, נאָר ער לאָזט זיך נישט טרייסן און יאָמערט אַלץ מער און מער....

פּלוצלינג האָט זיך דורך די פּריצים מיט די פּאַנעס דורכגעריסן אַן אַלטער מאַן; ער איז גראָ ווי אַ טויב, נאָר אַ קול האָט ער ווי אַ לייב און - אַ פּיסטאָלעט אין דער האַנט! מיט כּעס האָט ער גערעדט צום יונגן מאַן וואָס האָט געיאָמערט, ער האָט אים עפּעס געפֿרעגט, איין מאָל און צוויי מאָל, און דערנאָך האָט ער געכאַפּט דעם פּיסטאָלעט און האָט אים דערשאָסן אויפֿן אָרט!

און אַצינד האָט זיך ערשט אָנגעהויבן דאָס גיהנום, די פֿאָרהאַנג איז אַראָפּגעפֿאַלן און מענטשן האָבן אָנגעהויבן צו פּאַטשן מיט די הענט, צו טופּען מיט די פֿיס און צו שרײַען און צו מאַכן משוגענע קולות! זיי ווילן געוויס, מען זאָל זיי אַרויסגעבן דעם אַלטן רוצח, זיי וועלן אים אויף שטיקער צערײַסן, עס ווערט איר פֿינצטער פֿאַר די אויגן, זי פֿילט, אַז זי וועט עס נישט אויסהאַלטן און לויפֿט אַרויס פֿון טעאַטער....

* * *

Terrified and breathless, she is scarcely able to reach the door of her parents' apartment. She can't find the doorbell; she rattles the door knob with unusual force. The housemaid opens the door with the kitchen-lamp in her hand, and almost drops it from fright.

"Malkele – what's the matter with you, Malkele?"

Her mother appears, dressed in a nightshirt.

"What has happened, dear God in heaven...."

"Don't be afraid, Malkele" her father's voice breaks in. He too has gotten out of bed and is standing behind the door. "Don't be frightened, Malkele. He's sitting in the prayer house; that's where he's been, his prayer house. I've paid him a visit... he has a gentile's luck; he's won maybe ten gulden!"

* * *

Several days later as dusk fell, Dovid was pacing around the house, once again complaining that he was suffocating there, that he has been put in the grave while still alive... Malke came up softly behind him, threw her arms around his neck, bent her burning face to his ear and with a trembling voice, whispered, "Shall we go to the theater? What do you say, Dovid?"

He grabbed her, picked her up, and began dancing around the house with her....

In the midst of the dancing, she again whispered to him:

"If you like, you can take off your tallis kotn."

"Whatever for?" he asked her in astonishment.

Salomea Perl
Perets's bleṭlikh
Oyneg shabes holiday edition
1895/6

דערשראָקן און אָן אָטעם איז זי קוים צוגעפֿאַלן צו דער טיר פֿון די עלטערנס דירה, זי קען צום גלעקל נישט טרעפֿן, קלאַפּט זי בײַ דער קליאַמקע, נאָר אומגעוויינטלעך שטאַרק; דאָס דינסט־מיידל עפֿנט מיטן קיך־לעמפּל אין דער האַנט און לאָזט עס שיִער נישט אַראָפּ פֿאַר שרעק.

- מלכּה׳לע, וואָס איז מיט אײַך, מלכּה׳לע?

עס באַווײַזט זיך די מוטער אין אַ העמד:

- וואָס איז געשען, רבונו־של־עולם....

- שרעק דיך נישט, מלכּה׳לע - הערט זיך דערווײַל דעם פֿאָטער׳ס קול. ער איז אויך אַרויס פֿון בעט און שטייט אונטער דער טיר. - שרעק דיך נישט מלכּה׳לע, ער זיצט אין שטיבל, אין שטיבל איז ער, איך בין געוועזן בײַ אים... ער האָט אַ מזל פֿון אַ גוי, אפֿשר 10 גילדן געוווּנען.

* * *

אין עטלעכע טעג אַרום איז דוד פֿאַרנאַכט אַרומגעגאַנגען אין שטוב און ווײַטער געקלאָגט זיך, אַז עס איז אים דושנע, אַז מען האָט אים לעבעדיקערהייט אין אַ קבֿר אַרײַנגעלייגט...הינטערווײַלעכץ איז צו אים צוגעקומען מלכּה, זי האָט אים פֿאַרוואָרפֿן די האַנט אויפֿן האַלדז, צוגעבויגן דאָס ברענענדיקע פּנים צו זײַנע אויערן און מיט אַ ציטערדיק קול אײַנגערוימט:

- ווילן מיר גיין אין טעאַטער אַרײַן? אַיאָ דוד׳ל.

ער האָט זי אָנגעכאַפּט, אויפֿגעהויבן, און אָנגעהויבן מיט איר אַרומטאַנצן אין שטוב....

אין מיטן טאַנצן רוימט זי אים ווײַטער אײַן:

- אַז דו ווילסט, מעגסטו אויסטאָן דעם טלית קטן.

- נאָך וואָס? - פֿרעגט ער פֿאַרוווּנדערט.

סאַלאָמעאַ פּערל

פּרץ׳ס בלעטליך

עונג שבת

1895/6

Khaykl Latnik
(A SKETCH)

Khaykl Latnik was a craftsman whose like was hard to find. People told wonders about his masterpieces: remaking a pair of pants into a quilted jacket or an old gabardine into a cloak – was for him as easy as one, two, three. In just one minute he gave the old garment a snip, a stitch, a press with the flat iron, and it was ready to go, a superb job – a delight.

To Mendel Tailor, the "Varsovian," no one would even dare bring this old clothing. He was an aristocrat; it would not suit him to put his hand to such a thing. "For that, there is Khaykl; why are you bothering me?" he would say.

Khaykl sewed not just old clothes, but made new garments as well. He already had his clientele: the synagogue warden's elderly wife Yente, the serving girls, and the bath mistress all thought the world of him. The bath mistress even said that Khaykl understood fashion as well as Mendel the aristocrat, and that when Khaykl instructed that a dress be trimmed with fringe or buttons, one must indeed trim it with fringe or buttons.

For his fine taste and knowledge of women's attire Khaykl was much indebted to his wife Gitele, who before her marriage was a wig maker and had made wigs for the town's upper-class ladies and its most beautiful brides. Gitele knew what was beautiful and what was ugly. All she had to do was give one look, a glance of her eye, a lift of her shoulder, and Khaykl knew what she meant – he understood her signals.

חײַקל לאַטניק
(אַ בילד)

חײַקל לאַטניק איז געװוען אַ בעל־מלאָכה װײַט צו זוכן. פֿון זײַנע מײַסטערשטיק האָט מען זיך דערציילט װוּנדער: אַ פּאָר הויזן איבערמאַכן אויף אַ „װאַטװוּקע“ אָדער פֿון אַן אַלטער זשופּיצע אויסשנײַדן אַ „סאַליאָפּקע“ איז בײַ אים געװוען, װי פֿאַר אַ גראָשן אַ בײגל אויפֿעסן. אין איין מינוט האָט ער געגעבן דעם אַלטן בגד אַ שניט, אַ שטאָך, אַ פּלעט מיט דעם פּרעס־אײַזן און עס איז געװאָרן פֿאַרטיק, געראָטן, אַ תּענוג.

צו מענדל שנײַדער דעם „װאַרשעװער“ האָט מען מיט אַזאַ אַלטװאַרג גאָר נישט געקאָנט צוקומען. ער איז געװוען אַ יחסן, עס האָט אים גאָר נישט געפּאַסט אין האַנט צו נעמען – צו דעם איז דאָך דאָ חײַקל; װאָס װילט איר פֿון מײַן לעבן – פֿלעגט ער זאָגן.

חײַקל האָט געגנײט נישט אַלטװאַרג אַליין נאָר נײַע מלבושים אויך: ער האָט שוין געהאַט זײַנע קונדשאַפֿטן: די אַלטע גבאיטע יענטע, די דינסטמוידן, די בעדערקע האָבן געהאַלטן פֿון אים שטאָל און אײַזן. די בעדערקע האָט אַפֿילו געזאָגט, אַז חײַקל פֿאַרשטײט זיך אויף מאָדעס נישט ערגער װי מענדל דער יחסן, און אַז חײַקל הייסט אַ קלייד צופּוצן מיט פֿרענדזלעך אָדער מיט קנעפּלעך, דאַרף מען טאַקע צופּוצן מיט פֿרענדזלעך אָדער קנעפּלעך.

דעם פֿײַנעם געשמאַק און ידיעה אין דאַמען־טואַלעטן האָט חײַקל געהאַט פֿיל צו פֿאַרדאַנקען זײַן װײַב גיטעלע, װאָס איז מיידלװײַז געװוען אַ שייטל־מאַכערין און האָט געמאַכט שייטלען פֿאַר די גרעסטע נגידתטעס און די שענסטע כּלות אין שטעטל. גיטעלע האָט געװוּסט, װאָס שיין איז און װאָס מיאוס איז; זי האָט נאָר געגעבן אַ קוק, אַ װאָרף מיטן אויג, אַ הייב מיטן אַקסל, און חײַקל האָט שוין געװוּסט װאָס זי מיינט; ער האָט זי פֿאַרשטאַנען אויפֿן װוּנק.

Khaykl Latnik was still a man in his prime. He had a full red beard, and he also was broad and short: as they say, more wide than long. His wife Gitele, however, was long, skinny, as thin as a woodchip. Khaykl called her nothing other than "my better half," and Gitele, even on pain of death, could under no circumstances say the words "my husband;" she referred to him only as "mine."

Gitele was not at all bashful. Whatever happened, she had plenty to say about it. Her greatest source of anguish was Mendel Tailor. This was the Devil, the evil adversary of her life. Her eyes flashed when she spoke of him, and speak she did – at every opportunity.

"What good does it do you?" Khaykl would many times restrain her. "Why do you wear out your tongue? Leave it alone! I don't envy him, let him have it! I – as for me, I don't want a bucketful, I have enough with a spoonful; I'm comfortable being a "latnik," a patcher!"

But Gitele did not allow herself to be persuaded. Her blood boiled – the dog! The angels amused themselves with him. One tailor in the whole world! One black cow! If you're not a Varsovian, then you're a patcher. With pleasure! And why not?

Khaykl had acquired the nickname "Latnik" ever since Mendele Tailor came down from Warsaw. Large and small called him none other than "Khaykl Latnik." And it was with hostile glances, Gitele kept turning her eyes towards that open window, where there was hung out a large sign painted yellow and green.

This didn't even begin to bother Khaykl. He didn't upset himself with it. "It's harder to make something from old clothes," he would soothe Gitele. "Is it a feat to cut, when there is something to cut from? Even a cat can do that. I make new clothes out of old; that is more of an accomplishment."

And Khaykl lay his heavy shears to an old patchwork coat.

Gitele bit her lip; it gripped her heart like a vise. To spite Mendel Tailor, she went and covered all the walls, windowpanes, the door and the gate, with fashions and figures, with crinolines and corsets.

חײַקל לאַטניק איז נאָך געװען אַ ייִד אין די בעסטע יאָרן. אַ באָרד האָט ער געהאַט גאָר אַ ברייטע, אַ געלע; און ער אַליין איז אויך געװען אַ ברייטער, אַ קורצער, װי מען זאָגט: ברייטער װי לענגער. זײַן װײַב גיטעלע אָבער איז דװקא געװען אַ לאַנגע, אַ דינע, אַ דאַרע, װי אַ שפּאַן. חײַקל האָט זי נישט אַנדערש גערופֿן, װי: „מײַן פּלוניתטע"; און גיטעלע, מען זאָל זי הרגענען, האָט זי אויף קיין פֿאַל נישט געקאָנט אַרויסרעדן: „מײַן מאַן," זי האָט אים נאָר גערופֿן: „מײַנער."

גיטעלע איז אַפֿילו נישט געװען קיין שעמעדיקע. בשעת עפּעס האָט זי געהאַט צען מאָס רייד. איר גרעסטער האַרץ־װייטיק איז געװען מענדל שנײַדער. דאָס איז געװען דער שׂטן, דער בייזער שׂטן פֿון איר לעבן. אירע אויגן האָבן געפֿינקלט, װען זי האָט פֿון אים גערעדט, און גערעדט האָט זי בײַ יעדער געלעגנהייט.

– װאָס טויג דיר? – האָט זי װיפֿל מאָל חײַקל אײַנגעהאַלטן. – װאָס מאַכסטו דיר קאַליע די צונג? לאָז געמאַך! איך בין אים נישט מקנא, לאָז ער האָבן! איך, איך װיל נישט מיט קיין שעפֿל, איך האָב גענוג מיטן לעפֿל, בין איך מיר אַ לאַטניק!

גיטעלע אָבער האָט זיך נישט געלאָזט איבעררעדן. דאָס בלוט האָט אין איר געקאָכט. – דער כּלבֿ! די מלאָכים שפּילן זיך מיט אים. איין שנײַדער אויף דער גאַנצער װעלט! איין שװאַרצע קו! אַז נישט קיין װאַרשעװער, איז מען שוין אַ לאַטניק. מהיכא־תּיתי! פֿאַר װאָס דען נישט?

דעם „צונאָמען" לאַטניק האָט חײַקל באַקומען,זינט מענדעלע שנײַדער איז אַראָפּגעקומען פֿון װאַרשע און קליין און גרויס האָבן אים אַנדערש נישט גערופֿן װי: „חײַקל לאַטניק."

און מיט בייזע בליקן האָט גיטעלע אַלץ געװאָרפֿן די אויגן צו יענעם אָפּענעם פֿענצטער, װוּ עס איז געװען אַרויסגעהאָנגען אַ גרויסער, מיט געל און מיט גרין געמאָלטער שילד.

חײַקלען האָט עס אַפֿילו נישט אָנגעהויבן צו אַרן, ער האָט זיך נישט גענומען קיין עגמת־נפֿש – פֿון אַלטװאַרג איז שװערער צו מאַכן, װי פֿון נײַע – האָט ער גיטעלען באַרויִקט – אַ קונץ צו שנײַדן, אַז ס'איז דאָ פֿון װאָס! דאָס קאָן אַ קאַץ אויך. איך מאַך טאַקע פֿון אַלטװאַרג נײַ, דאָס איז מער קונץ.

און חײַקל האָט צוגעלייגט די שװערע שער צו אַן אַלטער װאַטװוּקע.

גיטעלע האָט פֿאַרביסן די ליפּן. עס האָט זי פֿאַרקלעמט ביז צום האַרצן, און מענדל שנײַדערן אויף צו להכעיס האָט זי גענומען און אויסגעקלעפּט אַלע װענט און שויבן, טיר און טויער מיט מאָדעס און פֿיגורן, מיט קרינאָלינעס און קאָרסעטן.

"What mine has in his fingernail, Mendel doesn't have in his entire head," she would boast before the neighbor women. "Simply put, he doesn't regard himself as an aristocrat; why should he shout about himself in the streets? Let Mendel be torn out along with his sign. And mine, with God's help, will yet have good fortune. One goes up the hill; the other goes down. No matter! There is a dear God in heaven!"

And Gitele nodded her head and then lifted it to heaven, just as if she were about to fly up that hill.

Despite all his talent, Khaykl was a poor man. He had debts up to his eyebrows and when it was time to pay the rent, he wriggled like a worm. In town people said that Gitele was not practical, that she spent beyond her means and had extravagant tastes....

These were evil tongues; Gitele was plainly a good housekeeper and a pious Jewish woman. She prepared the Sabbath as God commanded, with fish, roasted meats and other delicious dishes. She even made sure that honey cake to wash down with a drink was not lacking.

Gitele did everything possible so that their good friends would rejoice, and their enemies should burst. Every Sabbath after reading the Torah portion, she would carefully put on her red silk petticoat with the flowers and a satin "apron," and seat herself in front of the door that looked out into the street.

"Let them see, let them burst!"

Khaykl was a quiet man, no braggart he; a scholar even, and a helpful man. On Sabbath he spent the entire day over *Ethics of the Fathers* or singing Sabbath melodies. From time to time however, he would go over to the window and look out into the street. It was just strange to see all the Sabbath-day commotion.

Men, women, young women and young men, all dressed up in their Sabbath clothes, were promenading up and down in front of the houses. Mendel Tailor, with his hands clasped behind his back and his pants up over his shined boots, also traveled down the streets. Mendel was already a westernized Jew, a Zionist, a Litvak with a cross in his head – a Warsaw Zionist. His new gabardine was short, cut to the knee, and his cap was like that of a heder boy.

– וואָס מײַנער האָט אין נאָגל, דאָס האָט מענדל נישט אין קאָפּ – פֿלעגט זי זיך רימען פֿאַר די שכנטעס – נאָר גלאַט, ער איז נישט בײַ זיך קיין פּריץ; וואָס האָט ער צו שרײַען וועגן זיך אין די גאַסן? מענדל וועט אויסגעריסן ווערן מיט זײַן שילד צוזאַמען. און מײַנער מיט גאָטס הילף וועט נאָך באַגליקט ווערן. איינער פֿון באַרג אַראָפּ דער אַנדערער אויפֿן באַרג אַרויף. נישקשה! עס איז דאָ אַ ליבער גאָט אין הימל!

און גיטעלע האָט צוגעשאָקלט מיטן קאָפּ און דערנאָך דעם קאָפּ געהויבן צום הימל, גלײַך זי וואָלט שוין געזאָלט אויף דעם באַרג אַרויפֿפֿליִען.

פֿון דעם אַלעם איז חײַקל דאָך געוועזן אַן אָרעמאַן. חובֿות האָט ער געהאַט ביז איבערן האַלדז, און בשעת עס איז אים אויסגעקומען דירה־געלט צו באַצאָלן, האָט ער זיך געדרייט, ווי אַ וואָרעם. אין שטעטל האָט מען געזאָגט, אַז גיטעלע איז נישט קיין בעל־תּכלית, זי פֿירט זיך צו ברייט, אַז זי האָט אַ געשמדטן האַלדז....

דאָס זענען געווען בייזע מײַלער, גיטעלע איז גלאַט געווען אַ גוטע בעל־הביתטע, אַ פֿרומע יידישע טאָכטער. שבת האָט זי געמאַכט, ווי גאָט האָט געהייסן, מיט פֿיש, געבראָטנס און אַנדערע מאכלים. אַפֿילו לעקעך צום פֿאַרבײַסן האָט אויך נישט געטאָרט פֿעלן....

גיטעלע האָט אַלץ געטאָן גוטע פֿרײַנד זאָלן זיך פֿרייען און שׂונאים אויף צעפּלאַצעניש; און אַלע שבת נאָכן סדרה־לייענען פֿלעגט זי זיך אויסשלייערן אין איר רויטער זײַדענער האַלקע, מיט דעם אַטלאַסענעם „שערץ״ און קוויטן, און זיך זעצן פֿאַרן טיר אויף דער גאַס אַרויס.

– לאָז מען זען, לאָז מען פּלאַצן!

חײַקל איז געווען אַ שטיל יידל, נישט קיין באַרימער. אַ לערנער אַפֿילו, אַ בעל־טובֿה, שבת אַ גאַנצן טאָג איז ער זיך געזעסן איבערן פּרק, אָדער גאָר געזונגען זמירות. פֿון צײַט צו צײַט פֿלעגט ער אָבער צוגיין צום פֿענצטער און אַרויסקוקן אויפֿן גאַס. עס איז גלאַט געווען מאָדנע צו זען דאָס שבתדיקע גערודער.

מאַנסבילן, נקבֿות, מיידלעך און בחורים האָבן זיך געדרייט הין און צוריק, שבתדיק אויסגעשלייערט פֿאַר די הײַזער. מענדל שנײַדער מיט די הענט פֿאַרלייגט אויף דעם רוקן און די הויזן איבער די געפּוצטע שטיוול האָט אויך געמאָסטן די גאַסן. מענדל איז שוין געווען אַ דײַטש, אַ ציוניסט, אַ ליטוואַק מיט אַ צלם אין קאָפּ, אַ וואַרשעווער ציוניסט. די נײַע קאַפּאָטע זײַנע איז געווען קורץ ביז צו די קני און דאָס היטעלע זײַנס איז געווען ווי פֿון אַ חדר־ייִנגל.

Khaykl shrugged his shoulders and with his eyes followed Mendel far down the street. Khaykl was seized with laughter. Mendel looked like an actor in a Purim costume, like one in an actual Purim play. His precious little son, that handsome lad, was a gobbler of non-Kosher food.

With caustic irony, Khaykl shook his head over them: a fine future this is! May the dogs have such a future. Could they expound on a bit of Torah? Certainly not! They can't even recite Haftorah.

Khaykl stood up proudly. *His* Haftorah reading – the entire town knew of it. His words would ring as he chanted, just like with the prayer leader. Khaykl Latnik would lead the services beautifully: this, Mendel the Varsovian couldn't take away from him.

He let out a long, piercing quaver, walked around the house a bit, placed himself once again before the window, and looked out. There, by the door, sat his "better half" in her red petticoat with the golden tassels; around her on the steps and the stones were the dear children, may they live long.

Khaykl's heart rejoiced; his eyes were full of smiles. These were his dear treasures, God be praised! Resources were a bit scarce, but Jewish children, virtuous children!

There on the doorstep, all alone, quiet and dreamy, sat his Reyzele, his eldest, ready to find a groom – like a true rose, a beautiful blossom, as white as fresh-fallen snow, and with eyes like two cherries.

Khaykl could not get his fill of looking at her. His heart leapt for joy: my soon-to-be bride!

"What have you to say about Reyzl?" he turned to Gitele with a laughing face as she came into the house for Havdalah. "Not a girl anymore! She grows like rising dough!"

"May no Evil Eye harm her," Gitele said from afar, blowing 'ptui ptui ptui' to ward off the Evil Eye. "God willing, to the chuppah! Soon you can start sewing wedding clothes – may it be so, Master of the Universe!" And with hope and a heartfelt entreaty she lifted her eyes to heaven, to the bright, starlit sky.

Khaykl leaned over close to her, so very close:

"Soon, God willing, in a short time, grandchildren...."

חײַקל האָט געקװעטשט מיט די אַקסלען און אים װײַט, װײַט נאָכגעקוקט. עס האָט אים אָנגעכאַפּט אַ געלעכטער. מענדל האָט אױסגעזען װי אַ פּורים־שפּילער, אַן אמתדיקער פּורים־שפּילער, און זײַן זונעלע, דער שײנער בחור, דאָס איז דאָך גאָר געװען אַ טרפֿות פּרעסער.

און חײַקל האָט מיט בײַסנדיקער איראָניע נאָכגעשאָקלט מיט דעם קאָפּ: אַ שײנער עולם־הבא איז דאָס! אױף די הינט געזאָגט. אַ ייִדיש װאָרט קענען זײ דען זאָגן? אָסור נײַן! מפֿטיר אַפּילו נישט.

און חײַקל האָט זיך שטאָלץ אױפֿגעשטעלט. *זײַן* מפֿטיר קאָן דאָס גאַנצע שטעטל. עס קלינגט בשעת ער זאָגט, אַזױ װי אַ בעל־תּפֿילה. חײַקל לאַטניק איז אַ שײנער בעל־תּפֿילה; דאָס װעט בײַ אים מענדעלע דער װאַרשעװער נישט אַװעקנעמען.

ער האָט אַרױסגעלאָזט אַ װײַטן, רײַסנדיקן טריל, זיך עטװאָס איבערגעגאַנגען אין שטוב און װידער זיך געשטעלט צום פֿענצטער, און האָט אַרױסגעקוקט. דאָ בײַ דער טיר איז געזעסן זײַן פּלוניתטע אין דער רױטער „האַלקע" מיט די גאָלדענע שנירלעך, און אַרום איר אױף די טרעפּ און אױף די שטײנער די קינדערלעך, זאָלן לעבן.

חײַקלען האָט געקװאָלן דאָס האַרץ. די אױגן האָבן אים געשמײכלט. דאָס זענען געװען זײַנע טײַערע אוצרות. געלױבט איז גאָט! פּרנסה עטװאָס װיניציק, אָבער ייִדישע קינדער, כּשרע קינדער!

דאָרט אױפֿן שװעל, גאָר אַלײן אַ שטילעטשקע, פֿאַרחלומט איז געזעסן זײַן רײזעלע, זײַן עלטסטע, זײַן כּלה־מײדל. װי אַן אמתדיקע רױז, װי אַ שײנע בלום, װײַס, װי געפּאַלענער שנײ און אױגן װי צװײ קאַרשן.

חײַקל האָט נישט געקאָנט גענוג זיך אָנקוקן. דאָס האַרץ איז אים געשפּרונגען פֿון פֿרײד: מײַן כּלה־מײדל!

– װאָס זאָגסטו צו רײזלען? – האָט ער מיט אַ לאַכעדיק פּנים זיך צוריקגעקערט צו גיטלען, בשעת זי איז צו הבֿדלה אַרײַנגעקומען אין שטוב – אַ גאַנצע נקבֿה! זי װאַקסט, װי אױף הײװן.

– קײן בײז אױג זאָל איר נאָר נישט שאַטן – האָט זי פֿון דער װײַטנס אָפּגעבלאָזן גיטעלע – אם־ירצה־השם צו דער חופּה! קאָנסט שױן באַלד אָנהײבן חתונה קלײדער צו נײען. הלװאַי רבונו של עולם! – און מיט אַ האַרצעדיק געבעט און האָפֿענונג האָט זי אױפֿגעהױבן די אױגן צום הימל, צום העלן, שטערנדיקן הימל.

חײַקל האָט זיך צוגעבױגן צו איר נאָענט, גאָר נאָענט.

– שױן אם־ירצה־השם אין קורצן אײניקלעך....

She let out a laugh, but her lips trembled and her eyes looked at him intently, lost in thought, like one dreaming....

He took her quietly by the hand, with an intense quiet, and softly murmured:

"My better half!"

SALOMEA PERL
Yudishe Folks-tsaytung
5 Adar 5663
4 March 1903
No. 10

זי האָט געגעבן אַ לאַך אַרויס, אָבער אירע ליפּן האָבן געציטערט און די אויגן האָבן אים אָנגעקוקט טיף, פֿאַרטראַכט אַזוי ווי פֿאַרחלומט....

ער האָט זי אָנגענומען בײַ דער האַנט שטיל, גאָר שטיל און שטיל געשעפּטשעט: - מײַן פלוניתטע!

סאַלאָמעאַ פּערל
יודישע צײַטונג
ה׳ אדר תרס״ג
4 מאַרז 1903
No. 10

Childless

Mendl the lumber merchant was preparing to go to the bathhouse. Slowly he packed his little brush in the red foulard handkerchief, bringing together the ends so that, God forbid, none of the bristles would become twisted. But the entire bundle fell out of his hand, such a shriek did his wife Rivke suddenly let out.

"Look at what's happened to me! A calamity!" she exclaimed, terror in her face. Wringing her hands, she fell down onto the bench.

"What is it? What's happened?" asked Mendl, angry and scared.

"What's happened, you ask?" wailed Rivke. "What has happened? It's just a minor thing – the hen is treyf!"

"What are you saying?" asked Mendl again, now more agitated. "Treyf?"

"There it is, look!"

She pointed him towards the meat board, where there lay a large, beautiful hen covered with fat as yellow as if made of gold. Its throat was severed, and it was split down the middle.

He came up to her and she handed him the head.

"See that bone, that little bone!"

"Foolish woman! Who told you to go looking inside the head?"

"Was I looking?" Rivke defended herself. "I suddenly happened to see it!"

Serious and silent, he took the small head in his hand and examined it from all sides. His forehead lay in deep furrows, and his gaze became severe and scrutinizing.

אָן קינדער

מענדל דער האָלץ־סוחר מאַכט זיך גרייט אין באָד אַרײַן; פֿאַמעלעך פּאַקט ער אײַן זײַן בעזעמל אין רויטן פֿולאַרענעם נאָז־טיכל, נעמט צוזאַמען די עקן, עס זאָל אים חלילה קיין בלעטל נישט געקרימט ווערן! נאָר דאָס גאַנצע פּעקל פֿאַלט אים אַרויס פֿון דער האַנט, אַזאַ געשריי האָט פּלוצלינג זײַן ווײַב רבֿקה געטאָן.

– אַ ווייטיק איז מיר געשען, אַן אומגליק! – האָט זי אויסגעשריִען, מיט אַ דערשראָקן פּנים און פֿאַרבראָכענע הענט, און איז אַנידערגעפֿאַלן אויפֿן בענקל.

– וואָס איז? וואָס איז געשען? – פֿרעגט מענדל בייז און דערשראָקן.

– וואָס איז געשען, פֿרעגסטו? – יאָמערט רבֿקה, – וואָס איז געשען?... עס איז גאָר אַ קלייניקייט געשען – די הון איז טרפֿה!

– וואָס רעדסטו? – פֿרעגט מענדל איבער, שוין מער גערירט – טרפֿה?

– נאַ, זע!

זי האָט אים אָנגעוויזן אויפֿן פֿלייש־ברעטל, ווו עס איז געלעגן אַ גרויסע שיינע הון, באַוואָקסן מיט געל פֿעטס ווי אַ גאָלד, מיט אַן אָפּגעשניטענעם גאָרגל און אַן אויפֿגעשפּאַלטענעם פּופּיק.

ער גייט צו און זי דערלאַנגט אים דאָס קעפּל.

– דאָסביינדל, זע, דאָס ביינדל!

– נאַרישע ייִדענע! ווער האָט דיך געהייסן זוכן אין קעפּל?

– איך האָב דען געזוכט? – פֿאַרענטפֿערט זיך רבֿקה. – איך האָב עס פּלוצלינג דערזען!

ערנסט און שווײַגנדיק נעמט ער דאָס קעפּל אין דער האַנט אַרײַן און באַטראַכט עס אויף אַלע זײַטן; דער שטערן לייגט זיך אים אין טיפֿע קנייטשן און דער בליק ווערט שטרענג און פֿאַרשנדיק.

"Such a hen, such a hen!" lamented Rivke with a voice one used when mourning the destruction of the Temple on the Ninth of Av. "Six weeks raising a hen, guarding her like she was the apple of my eye... for Shabbes Nakhamu, everything for the Shabbes of Consolation. I took so much pride in her: what a sweet broth it would be, what a liver studded with fat, what a neck for the kugel... Now – bang! The joy is gone...."

"It seems to be treyf," pronounced Mendl in an uncertain voice....

"Treyf," Rivke repeated reluctantly, "treyf... And tell me, Mendl, with what will I prepare for Shabbes now? With what? It's late; the kosher slaughterer must already be at the bathhouse, the butcher shop is hammered shut... and the hen, what's to be done with the hen?"

"Hah," said Mendl impatiently. "You will still get meat, and take the hen and sell it to a non-Jew, to the watchman...."

"No!" Rivke sprang up impulsively. "I refuse to allow him to enjoy such a hen – his grandmother has never eaten such a hen! And is it fair to call it a hen? It is a goose, a goose! No! Not so quickly! I'll run to the rabbi... God can still help; the rabbi, may he live and be well, with God's help will rule it kosher, if I have any merit in heaven, Master of the Universe!"

She threw on her shawl, with the tiny head underneath the shawl.

"And if the rabbi says it's treyf...?

"Ha, so I'll run to the butcher at his house; I'll get the meat from his pot..."

She was already outside and had shut the door. Mendl stood there, not knowing what to do – whether he should bolt the door and go to the bathhouse, or wait at home. Rivke's voice soon removed all his doubt: she flung the door back open and shouted in:

"Mendl, have God in your heart and keep an eye on the fish – they're cooking on the stove!"

- אַזאַ הון, אַזאַ הון! - קלאָגט זיך דערווײַל רבֿקה מיט אַ קול פֿון „חורבן״ אין תּישעה־באָבֿ - זעקס וואָכן געהאָדעוועט אַ הון, ווי אַן אויג אין קאָפּ באַהיט.... אויף שבת נחמו, אַלץ אויף שבת נחמו. איך האָב מיך אַזוי געשמאָלצן אין איר: וואָס פֿאַר אַ זיסע יויך עס וועט זײַן, וואָס פֿאַר אַ לעבערל מיט שמאַלץ, וואָס פֿאַר אַ העלדזל צום קוגל...צונד - נאַ דיר! אויס שׂמחה...

- דאַכט זיך, טרפֿה... - האָט מענדל אַרויסגעזאָגט מיט אַ נישט זיכער קול....

- טרפֿה - האָט רבֿקה איבערגעחזרט, נישט ווילנדיק, - טרייף...און זאָג מיר, מענדל, מיט וואָס וועל איך אַצונד שבת מאַכן? מיט וואָס? עס איז שפּעט, דער שוחט מוז שוין זײַן אין באָד, די יאַטקע איז פֿאַרהאַמערט...און די הון, וואָס טוט מען מיט דער הון?

- עט - מאַכט מענדל אומגעדולדיק - פֿלייש וועסטו נאָך קריגן און די הון נעם און פֿאַרקויף אַן ערל, דעם סטרוזש....

- ניין! - איז רבֿקה האַסטיק אויפֿגעשפּרונגען - איך פֿאַרגין אים נישט אַזאַ הון, זײַן באָבע האָט אַזאַ הון נישט געגעסן! עס איז דען אַ הון? אַ גאַנדז איז עס, אַ גאַנדז! ניין! נישט אַזוי געשווינד! - איך לויף צום רבֿ...גאָט קען נאָך העלפֿן, דער רבֿ, זאָל לעבן און געזונט זײַן, וועט מיט גאָטס הילף מכשיר זײַן, ווי איך האָב נאָר אַ זכות אין הימל, רבונו של עולם!

זי כאַפּט אויף זיך די שאַל און דאָס קעפּל אונטער דער שאַל.

- און אַז דער רבֿ וועט זאָגן טרפֿה?

- האַ, וועל איך לויפֿן צום קצבֿ אין שטוב אַרײַן, פֿון טאָפּ וועל איך אים זײַן פֿלייש....

זי איז שוין געוועזן הינטער דער טיר. מענדל בלײַבט שטיין און ווייס נישט וואָס צו טאָן; צי זאָל ער פֿאַרשליסן די טיר און גיין אין באָד אַרײַן אָדער וואַרטן, נאָר רבֿקה׳ס קול ברענגט אים באַלד פֿון ספֿק אַרויס; זי האָט צוריק אויפֿגעפּראַלט די טיר און אַרײַנגעשריִען:

- מענדל, האָב גאָט אין האַרץ און גיב אַכטונג אויף די פּיש, זיי קאָכן זיך!

Mendl let drop from his hand the handkerchief with the bath brush wrapped inside it, and took out the small Chumash from his tallis bag. He would go over the week's Torah portion, and between one verse and the next, take a look at the fish. He pushed the chair up to the chimney and settled in; but he had not yet managed to relax the furrows on his brow.

The whole business was not to his liking. That a man should take care of the house, be watching the fish!....

"And all the bad luck happens to her..." he thought angrily.

*   *   *

Rivke shot into the rabbi's court like a bullet, and went straight up to the rabbi's table.

"Where is the rabbi?" she shouted at the beadle who was sitting on the bench, his head resting on the table and his arm serving as pillow.

"Quiet, young mistress, don't shout! There's no fire, God forbid!" The beadle lifted his head tranquilly and answered her with indifference.

"What do you mean, there's no fire? A one and only hen, a religious question, Shabbes Nakhamu, it's so late...."

She was short of breath from running and her voice was breaking every second, yet the beadle went back to his nap and had no desire whatsoever to answer her.

"All the same, where is the rabbi?" Rivke shouted in a louder voice, and grabbed the beadle by the shoulder.

"In the bathhouse, in the bathhouse, woman," he replied to her impatiently. "Sit yourself down, woman, sit down on the bench... don't go grabbing men by the shoulder!"

Rivke turned even redder with shame. At the same time, she heard the murmur of a clock. She lifted up her eyes and caught sight of it on the wall over the rabbi's chair; a fresh wave of blood rushed into her face: The clock said one-thirty! Only five hours until it was time to light candles and say the blessing!

She trudged despondently back to the wall, and sat down on the bench the beadle had pointed out to her.

מענדל האָט אַרויסגעלאָזט די פּאַטשיילע מיטן בעזעמל פֿון דער האַנט און אַרויסגענומען פֿון טלית־זאַק דאָס חומשל. ער וועט מעבֿיר זײַן די סדרה און צווישן איין פּסוק און דעם צווייטן וואַרפֿן אַ בליק אויף די פּיש. ער רוקט צו דאָס בענקל צום קוימען און מאַכט זיך גרייט; נאָר דעם שטערן האָט ער אַלץ נאָך נישט אויסגעקנייטשט.

עס איז אים נישט ליב דאָס גאַנצע עסק. אַ מאַנספּאַרשוין זאָל היטן די שטוב, אַכטונג געבן אויף די פּיש!...

„און אַלע שלימזלן טרעפֿן זיך איר...„ טראַכט ער זיך בייזעריק.

* * *

רבֿקה איז אַרײַנגעפֿאַלן אין בית־דין־שטוב ווי אַ קויל, און איז גלײַך צו צום רבֿ'ס טיש.

– ווּ דער רבֿ? – האָט זי אַ געשריי געטאָן צום שמש, וואָס איז געזעסן אויף דער באַנק, אָנגעשפּאַרט מיטן קאָפּ אויפֿן טיש, אונטערגעלענט מיט דער האַנט.

– שאַ, ווײַבל, שרײַ נישט! עס ברענט נישט, חס ושלום! – הייבט דער שמש רויִק אויף דעם קאָפּ און ענטפֿערט איר גלײַכגילטיק.

– ווי הייסט, עס ברענט נישט?! אַן איינציקע הון, אַ שאַלה, שבת נחמו, אַזוי שפּעט....

פֿון לויפֿן איז איר דער אָטעם קורץ, און דאָס קול רײַסט זיך איר אָפּ אַלע רגע, נאָר דער שמש האָט זיך צוריק צוגעלייגט און האָט גאָר קיין חשק נישט צו ענטפֿערן.

– ווּ איז פֿאָרט דער רבֿ? – שרײַט רבֿקה מיט אַ העכער קול און כאַפּט אָן דעם שמש בײַם אַקסל.

– אין באָד, אין באָד, ייִדענע, – ענטפֿערט ער איר אומגעדולדיק – זעצט אײַך, ייִדענע, אויף דער באַנק זעצט אײַך...כאַפּט נישט קיין זכרים בײַ דער פּלייצע!

רבֿקה ווערט נאָך רויטער פֿאַר בושה. דערווײַל דערהערט זי אַ געוויש פֿון אַ זייגער, זי הייבט אויף די אויגן און דערזעט אים אויף דער וואַנט איבערן רבֿ'ס שטול; אַ נײַער שטראָם בלוט יאָגט איר אין פּנים אַרײַן:

„האַלב צוויי דער זייגער! אין גאַנצן פֿינף שעה צו ליכט בענטשן!"

זי רוקט זיך שווערמוטיק צוריק צו דער וואַנט און זעצט זיך אויף דער באַנק, אויף וועלכער דער שמש האָט איר אָנגעוויזן.

She could still prepare for the Sabbath; it was, praised be His beloved name, thank God, a summer day... If only the rabbi wouldn't tarry!

In fact – it occurred to her – it was deeply unfair that the rabbi didn't go to the bathhouse on Thursdays... How can one live an hour on Friday without a rabbi? Religious questions arise every minute, every second!

And not necessarily about a little bone... your mind is distracted, you're rushing, and you grab a milk spoon for the meat. Or in the meantime you're not watching the stove, and it could happen that the milk boils over! Can you guard against everything?

Her heart was pounding, so agitated was she, but she comforted herself that no doubt the rabbi wouldn't take too long, he knew that it was Friday... a rabbi wouldn't dawdle....

Having calmed down, she just then noticed that in addition to the beadle, there was someone else present in the room.

Not far from her stood a man with a hostile gaze, puffing angrily on a short tobacco pipe. Opposite him sat two women: one an older woman, holding a small bottle of water in her hand and shaking her head every second so that the green ribbon of her bonnet kept quivering. The other was a young woman with tear-filled eyes.

Rivke sprung towards them.

"Also with a religious question?"

"No," answered the older woman with a sigh. "Alas, not with a religious question."

"What else then?"

"A divorce!"

"A divorce? Friday? Are you serious? Is he crazy, God help us?"

"What can one do with a stubborn brute? He's dragging her here!"

Rivke understood that the old woman was speaking of the angry man who puffed his pipe with such fury.

"And just like that – all of a sudden?"

The young one replied not a word. She only lowered her head more deeply; silently, tear after tear trickled from her eyes. The old woman responded to the question eagerly:

„שבת־מאַכן וועט זי נאָך קענען; עס איז, געלויבט איז זײַן ליבער נאָמען, ברוך השם, אַ זומער טאָג...דער רבֿ זאָל זיך נישט זוימען!"

„אייגנטלעך," פֿאַלט איר אײַן, „איז עס אַן עוולה פֿון רבֿ, וואָס ער גייט נישט דאָנערשטיק אין באָד אַרײַן...ווי לעבט מען פֿרײַטיק אַ שעה אָן אַ רבֿ? עס מאַכן זיך שאלות יעדע מינוט, יעדע רגע!"

„ און נישט דווקא אַ ביינדל...דער קאָפּ איז פֿאַרטראָגן, מען יאָגט זיך, מען כאַפּט אַ מילכיקן לעפֿל צום פֿלייש, דערווײַל פֿאַרזעט מען און, עס קען זײַן אַז די מילך האָט געשפּריצט! מען קען זיך דען דערהיטן?"

דאָס האַרץ קלאַפּט איר, אַזוי אומרויִק איז זי; נאָר זי טרייסט זיך: מן־הסתּם וועט דער רבֿ זיך נישט זוימען; ער ווייסט אַז עס איז פֿרײַטיק...אַ רבֿ מאַכט נישט קיין שהיות....

באַרויִקט, באַמערקט זי ערשט, אַז אויסערן שמשׂ איז נאָך עמעץ דאָ אין שטוב.

נישט ווײַט פֿון איר שטייט אַ מאַנספּאַרשוין מיט אַ בייזן בליק און פּיפּקעט מיט כּעס פֿון אַ קורץ ליולקעלע און קעגן איבער זיצן צוויי ווײַבער, איינע אַן אַלטע, האַלט אַ פֿלעשעלע וואַסער אין דער האַנט, שאָקלט אַלע רגע מיטן קאָפּ, אַז דאָס גרינע סטענגעלע פֿון ציפּיק האַלט אין איין ציטערן, און די צווייטע - אַ יונג ווײַבל מיט פֿאַרווײנטע אויגן.

רבֿקה איז צו זיי צוגעשפּרונגען.

- אויך מיט אַ שאלה?

- ניין - ענטפֿערט די עלטערע מיט אַ זיפֿץ. - נעבעך, נישט מיט קיין שאלה!

- וואָס דען?

- אַ גט!

- אַ גט? פֿרײַטיק? וואָס רעדט איר? משוגע מײַנע שׂונאים?!

- וואָס טוט מען מיט אַ גזלן? אַז ער שלעפּט זי!

רבֿקה פֿאַרשטייט, אַז מען רעדט פֿון בייזן מאַנספּאַרשוין, וואָס פּיפּקעט מיט אַזאַ כּעס.

- און גלאַט - פּלוצלינג?

די יונגע ענטפֿערט נישט אַ וואָרט; זי האָט נאָר טיפֿער אײַנגעבויגן דעם קאָפּ און פֿון די אויגן קאַפּעט איר שטיל אַ טרער נאָך אַ טרער. די אַלטע ענטפֿערט אויף דעם גערן־ווילִיק:

"It's not so all of a sudden; they have no children and it's already the eleventh year of the marriage...it cost a lot of money...Hasidic rabbis and, excuse the comparison, healers, and bone-setters and I don't know what else....and it doesn't help. And should any little thing happen in the house, this porter boy grabs her by the shoulder and drags her to the rabbi! If she doesn't walk fast enough, he gives her one in her side...today he smelled smoke; the meat for the tsimmes was scorched! Well, well!"

Rivke became frozen stiff with fear. Her husband was *not* a porter boy, he wouldn't grab her by the shoulder, but the tenth year was approaching and she had no children...she too had been to bone-setters, healers, and Hasidic rabbis.

"And what did the rabbis say?" asked Rivke in a voice permeated with tears.

"What do the holy rabbis say, alas? 'God will help,' they say! A neck full of amulets – she could have already had a pearl necklace for the money spent! The Letychiver rabbi, woe is us, had wept with her! May I see gold, as I have seen with my own eyes how a tear dropped from his holy eyes to his holy cheek. He too said that 'God will help,' but above all he instructed her that she take extra care in the mitzvah of 'Oyneg Shabbes'...she should see to it that her husband has a good, merry Sabbath, that the house is clean, that she dresses in her Sabbath clothes, and that she is cheerful...and most important of all is the cholent! Well, it just so happened that the meat for the tsimmes got burnt...."

– עס איז נישט אַזוי פּלוצלינג, זיי האָבן קיין קינדער נישט, שוין דאָס עלפֿטע יאָר... עס האָט אָפּגעקאָסט געלט... רביים, און להבֿדיל רופֿאים, און טאָטערס און „איך ווייס וואָס"... און עס העלפֿט נישט. און קוים מאַכט זיך עפּעס אין שטוב, כאַפּט ער זי, „דער טרעגער־יונג," ביַי דעם אַקסל און שלעפּט זי צום רבֿ! גייט זי נישט אַזוי געשווינד – דערלאַנגט ער איר אין אַ זיַיט... היַינט האָט ער אַ רויך דערפֿילט; דאָס צימעס פֿלייש האָט זיך אָנגעברענט! נו, נו!

רבֿקה איז פֿאַרשטאַרט געוואָרן פֿאַר שרעק; איר מאַן איז *נישט* קיין טרעגער־יונג, ער וועט זי נישט כאַפּן ביַי די פּלייצעס; נאָר דאָס צענטע יאָר גייט שוין, און קיין קינדער האָט זי נישט... זי איז אויך געוועזן ביַי טאָטערס, רופֿאים, און רביים.

– און וואָס האָבן די רביים געזאָגט? – פֿרעגט רבֿקה מיט אַ קול, אָנגעזאַפּט מיט טרערן.

– וואָס זאָגן נעבעך גוטע יידן? גאָט וועט העלפֿן, זאָגן זיי! אַ האַלדז קמיעות טראָגט זי – זי וואָלט שוין פּערל געהאַט דערפֿאַר! דער לאַטוטשענער, האָט נעבעך מיט איר מיטגעוויינט! „איך זאָל אַזוי זען גאָלד, ווי איך האָב אַליין געזען, ווי אַ טרער איז אים אַראָפּ פֿון די הייליקע אויגן אויף דער הייליקער באַק. ער האָט אויך געזאָגט, אַז „גאָט וועט העלפֿן," נאָר דער עיקר, האָט ער געהייסן, זאָל זי געוואָרנט זיַין אין „עונג שבת"... זי זאָל זען, דער מאַן זאָל האָבן אַ גוטן, פֿריילעכן שבת, די שטוב זאָל זיַין ריין, זי זאָל זיַין אָנגעטאָן שבתדיק און לוסטיק זאָל זי זיַין... און גאָר דער עיקר איז דאָס טשאָלנט! נו, מאַכט זיך פּונקט אָנגעברענט צימעס־פֿלייש....

Rivke became even more caught up in the story; it was so similar to her own life. She too had been "to the ends of the earth," and had everywhere heard the same thing: 'God will help; just be a kosher little wife, observe your mitzvahs, and above all prepare a kosher, merry Sabbath.' Her situation was not as bleak – her husband was not so crude as the porter there, and up until now the Sabbaths had been successful for her...yet who knows what will come later? She still had a few years to the ten-year mark, God still had time to take pity on her, yet with this young wife he had *not* shown compassion! She *too* had given gifts to the Hasidic rabbis, had dropped money into all the charity boxes, and wept her eyes out...To wait longer than the ten years, this her Mendl would not do for an instant! It's not permitted!

"And she has never...never?" asked Rivke.

"No...nothing," answered the old woman.

With Rivke it had been different...One time it had seemed to her that behold, God had helped her; she suddenly felt her heart quickening...she was constantly craving something different: here she would want a little jam, there a bit of lemon...and Mendl smiled, just like he had the days after the wedding....

He walked around the house and sang his little song; under his breath, but happily, and snapping along with his fingers...And each time he was out, he brought her home something different from the street: a little apple, a cucumber, a bit of cinnamon...thus it had lasted for six weeks, six weeks of paradise she'd had, and then it had come to nothing! And Mendl started going about angry at home, sour, scowling...by now he'd already forgotten about it, but he no longer sang, no longer snapped his fingers, and no longer smiled! Who knows, perhaps he too will start dragging her before the rabbi?

No! She must save herself! Once again to the Hasidic rabbis, healers, shepherd-healers, gypsies....

She would do it all!

But after all, that one had also done it all!

רבֿקה פֿאַרטראַכט זיך נאָך שטאַרקער, עס איז אַזוי ענלעך צון איר אייגענעם לעבן! זי איז אויך אויסגעווען „ווו די וועלט האָט אַן עק,״ און האָט אומעטום אויך דאָס זעלבע געהערט: „גאָט וועט העלפֿן, נאָר זײַ אַ כּשר ווײַבל, היט דײַנע מצוות, און דער עיקר מאַך אַ כּשרן, פֿריילעכן שבת״... איר מזל איז נישט אַזוי פֿינצטער, איר מאַן איז נישט אַזוי מגושם ווי דער טרעגער דאָ און די שבתים זענען איר ביז אַהער געראָטן... נאָר ווער ווייס, וואָס שפּעטער וועט זײַן? זי האָט נאָך אַ פּאָר יאָר צו די צען, גאָט האָט נאָך צײַט זיך מרחם זײַן, נאָר אָט האָט ער אויף דעם ווײַבל זיך *נישט* מרחם געווען! זי האָט אויך פּדיונות געגעבן, אין אַלע פּושקעס אַרײַנגעוואָרפֿן, און זיך די אויגן אויסגעוויינט... און וואַרטן נאָך די צען יאָר, וועט איר מענדל נישט אַ רגע! מען טאָר נישט!

– און זי האָט קיין מאָל נישט... קיין מאָל נישט?... – פֿרעגט רבֿקה.

– ניין... גאָרנישט – ענטפֿערט די אַלטע.

בײַ רבֿקהן איז אַנדערש געווען... איין מאָל האָט זיך איר געדאַכט, אַז אָט אָט האָט איר גאָט געהאָלפֿן, עס האָט זי פּלוצלינג אָנגעהויבן דריקן בײַם האַרץ... עס האָט זיך איר אַלע מאָל עפּעס אַנדערש פֿאַרגלוסט; דאָ האָט זי געוואָלט אַ ביסל אײַנגעמאַכטס, דאָ אַ לעק ציטרין... און מענדל האָט געשמייכלט, פּונקט ווי אַ צײַט נאָך דער חתונה....

ער איז אַרומגעגאַנגען איבער דער שטוב און געזונגען זײַן זמרל; אונטער דער נאָז, נאָר פֿריילעך, און האָט צוגעקנאַקט מיט צוויי פֿינגער... און ער האָט איר אַהיים געברענגט אַלע מאָל עפּעס אַנדערש פֿון גאַס: אַן עפּעלע, אַן אוגערקע, אַ ביסל צימרינג... עס האָט אַזוי זעקס וואָכן געדויערט, זעקס וואָכן גן־עדן האָט זי געהאַט און עס האָט זיך אויסגעלאָזן אַ בוידעם!... און מענדל האָט אָנגעהויבן אַרומגיין אין שטוב ברוגז, זויער, פֿאַרקרימט... הײַנט האָט ער שוין פֿאַרגעסן, נאָר ער זינגט שוין נישט און קנאַקט נישט מיט די פֿינגער,און שמייכלט נישט! ווער ווייסט, אפֿשר וועט ער זי אויך אָנהייבן צו שלעפּן צום רבֿ?

ניין! זי מוז זיך ראַטעווען! נאָך אַ מאָל רביים, רופֿאים, אָפּציאַרעס, ציגײַנער....

אַלץ וועט זי טאָן!

נאָר, יענע האָט דאָך אויך געטאָן!

Bad! Up until now she'd had the merit of the holy Sabbath; today that had also been ruptured... until now, God be praised, she'd not had a single spoiled Sabbath. It had not yet happened to her that something should come out burnt: not the fish, not the meat, not the tsimmes....

No! One would wish a cholent like hers on all one's good friends! Her challahs came out more beautiful than the baker's; her honey cake melted in one's mouth! God be praised for this, but today this too had been severed; six weeks she'd raised a hen....

She jumped up: the rabbi (who had silently come into the room) was already sitting by a holy book; a short distance in front of the table there already stood a young wife!

Ah, she'd let herself be delayed, distracted with talking... the rabbi could still prohibit the hen, and then she would miss the ritual slaughterer and the butcher.

The wife who presented herself before the rabbi had quite an extraordinary religious question. She stood with downcast eyes, and twisted the corner of her apron between her fingers.

"So, in short," the rabbi asked her again.

"So I fell into the water," recounted the woman in a tearful voice. "The water was deep; in one more minute, I would have drowned... so a man pulled me out.... I've come to you now, Rebbe, to ask a religious question: what should I do?"

"From where did you fall in?" the rabbi continued questioning, with what seemed to be a harsher tone.

"From the ship, Rebbe," she replied. "I was traveling by steamship; I was going to Plotsk."

"Well, and your husband?"

"My husband was also traveling on the steamship, but he stood some distance away...."

"I don't have any children with him," she added in a muffled, weepy voice.

"So, in sum, what do you want?"

"Rebbe, I want to do atonement – my husband says that I *should* do atonement, and if I don't, he wants to divorce me."

שלעכט! ביז אַהער האָט זי געהאַט דעם זכות פֿון שבת קודש, הײַנט האָט זיך דאָס אויך איבערגעריסן... זי האָט, געלויבט איז גאָט, ביז אַצונד נישט געהאַט קיין איינציקן פֿאַרשטערטן שבת, עס האָט זיך איר נאָך נישט געטראָפֿן, איר זאָל ווערן עפּעס צוגעברענט; נישט קיין פֿיש, נישט קיין פֿלייש, נישט קיין צימעס....

ניין! אויף אַלע גוטע פֿריינד געזאָגט אַזאַ טשאָלנט ווי זי האָט! די חלות אירע קומען אַרויס שענער ווי בײַם בעקער; דאָס לעקעכל צעגייט אין מויל! געלויבט איז גאָט דערפֿאַר, נאָר הײַנט האָט זיך דאָס אויך איבערגעריסן; זעקס וואָכן האָט זי געהאָדעוועט אַ הון....

זי שפּרינגט אויף: דער רבֿ (וואָס איז שטילערהייט אַרײַנגעקומען) זיצט שוין בײַ אַ ספֿר; אָפּגערוקט פֿון טיש שטייט שוין אַ ווײַבל!

אַך, זי האָט זיך פֿאַרשפּעטיקט, פֿאַררעדט... דער רבֿ קאָן נאָך אַסרן די הון און זי וועט דעם שוחט מיטן קצבֿ פֿאַרשפּעטיקן!

דאָס ווײַבל, וואָס שטייט פֿאַרן רבֿ האָט עפּעס אַ ווונדערלעכע שאלה. זי שטייט מיט אַראָפּגעלאָזטע אויגן און דרייט צווישן די פֿינגער דעם עק פֿון פֿאַרטוך.

– נו, אַ כּלל, – פֿרעגט זי איבער דער רבֿ.

– בין איך אַרײַנגעפֿאַלן אין וואַסער – פֿאַרציילט דאָס ווײַבל מיט אַ וויינענדיק קול – דאָס וואַסער איז געווען טיף, נאָך אַ מינוט וואָלט איך דערטרונקען געוואָרן... האָט מיך אַ מאַנספּאַרשוין אַרויסגעראַטעוועט... בין איך געקומען אַצונד, רבי, פֿרעגן אַ שאלה: וואָס זאָל איך טאָן?

– פֿון וואַנעט ביסטו אַרײַנגעפֿאַלן? – פֿרעגט איבער דער רבֿ, דאַכט זיך, מיט אַ האַרטער קול.

– פֿון שיף, רבי – האָט זי געענטפֿערט – איך בין געפֿאָרן מיט דער דאַמפּשיף, קיין פּלאָצק בין איך געפֿאָרן.

– נו און דײַן מאַן?

– מײַן מאַן איז אויך געפֿאָרן מיט דער דאַמפּשיף, נאָר ער איז געשטאַנען פֿון ווײַטנס....

– איך האָב מיט אים קיין קינדער נישט – האָט זי צוגעגעבן מיט אַ דערשטיקט וויינענדיק קול.

– נו, הכּלל, וואָס ווילסטו?

– רבי, איך וויל תּשובֿה טאָן – מײַן מאַן זאָגט, אַז איך דאַרף תּשובֿה טאָן, אַז ניט וויל ער מיך גטען.

"Well, give to charity," the rabbi said.

"Rebbe, I'm a poor person."

"Then give three times eighteen, the number *chai*."

The wife walked away, tears in her eyes. Now Rivke rushed up to the table. From under her shawl, she hastily pulled out the little head with the gullet and laid it down on the table before the rabbi.

"Rebbe," she said. "For six whole weeks I raised a hen, raised her in honor of Shabbes Nachamu. Now I went to kasher her, and I don't know if this little bone is proper...."

Rivke felt her hands and feet trembling beneath her; her eyes hung on the rabbi's lips as if it were a matter of life or death. Oh God, blessed be He, she begged in her heart. Just don't let me have a spoiled Sabbath, just not a spoiled Sabbath!

"Has the hen laid eggs?" the rabbi inquired, again looking into the holy book.

"Yes," she answered. "I've had an entire three score eggs from her... big eggs, like those of a goose."

The rabbi picked up the head again, felt it, and examined it from all sides.

"What do you think, Rebbe, a hen indeed, like God has ordered, a hen from the land of hens – "

"Kosher!" the rabbi interrupted her.

"God be praised!" Rivke exclaimed with joy, and quickly scooped up the head, just as if she'd rescued her beloved child from under the slaughterer's knife.

"Thank you, Rebbe!" And she was about to run out of the house, but at the door she remembered about the divorce, and remained standing there.

I'll wait, she said to herself. I must hear what the rabbi says. The hen is kosher, kosher, kosher! And there is still time to prepare it.

"Well, in short," asked the rabbi again, without directing himself to anyone.

The man was already a little calmer, and slowly went up to the table.

– נו, גיב צדקה – האָט דער רבֿ געזאָגט.

– רבי, איך בין אַן אָרעמער מענטש.

– נו גיב דריי מאָל ח״י.

דאָס ווייַבל גייט אַוועק מיט די טרערן אין די אויגן. צונד האָט זיך רבֿקה צוגעכאַפּט צום טיש, האַסטיק האָט זי אַרויסגענומען פֿון אונטער דער שאַל דאָס קעפּל מיטן גאָרגל און אַנידערגעלייגט אויפֿן טיש פֿאַרן רבֿ.

– רבי – האָט זי געזאָגט – איך האָב געהאָדעוועט זעקס וואָכן לאַנג אַ הון, לכּבֿוד שבת־נחמו געהאָדעוועט, אַצונד בין איך געגאַנגען זי כּשר מאַכן, ווייס איך נישט צי דאָס ביינדל איז רעכט....

רבֿקה האָט געפּילט ווי די הענט און פֿיס ציטערן אונטער איר; אירע אויגן האָבן געהאָנגען אויף דעם רבֿ׳ס ליפּן, גלייַך עס וואָלט געגאַנגען וועגן טויט און לעבן. „אָ גאָט, ברוך הוא!״ האָט זי געבעטן אין האַרצן „איך זאָל נאָר נישט האָבן קיין פֿאַרשטערטן שבת, נאָר נישט קיין פֿאַרשטערטן שבת!״

– די הון האָט זיך געלייגט? – האָט דער רבֿ געפֿרעגט, ווידער קוקנדיק אין ספֿר אַרייַן.

– יאָ – האָט זי געענטפֿערט – איך האָב געהאַט פֿון איר אַ גאַנץ שאָק אייער...גרויסע אייער, ווי פֿון אַ גאַנדז.

דער רבֿ האָט ווידער אָנגענומען דאָס קעפּל און עס באַטאַפּט און באַטראַכט פֿון אַלע זייַטן....

– וואָס קלערט איר, רבי, אַ הון טאַקע ווי גאָט האָט געבאָטן, אַ הון פֿון הינער לאַנד –

– כּשר! – האָקט איר איבער דער רבֿ.

– געלויבט איז גאָט! – האָט רבֿקה אויסגעשריִען מיט אַ פֿרייד און האָט האַסטיק געכאַפּט דאָס קעפּל, גלייַך זי וואָלט איר ליב קינד געראַטעוועט פֿון אונטערן חלף – אַ יישר־כּוח, רבי! – און זי וויל אַרויס פֿון שטוב, נאָר בייַ דער טיר האָט זיך דערמאָנט אָן דעם גט, און זי איז שטיין געבליבן:

„איך וועל וואַרטן,״ האָט זי זיך געזאָגט. „איך מוז הערן, וואָס דער רבֿ וועט זאָגן. די הון איז כּשר, כּשר, כּשר! און צו רעכט מאַכן איז נאָך צייַט!״

– נו, אַ כּלל – פֿרעגט ווייַטער דער רבֿ, נישט געווענדט זיך צו קיינעם.

דער מאַנספּאַרשוין איז שוין אַ ביסל רויִקער געווען און איז לאַנגזאַם צוגעגאַנגען צום טיש.

"Rebbe," he said. "Nine years already I've lived with this female, and I have no children from her...."

"Um!" said the rabbi, with a shake of his head.

"And I want to have a Kaddish said for me, as God has ordered and respectable people do ... by the way...."

"Is she a sickly woman, then?" the rabbi interrupted him.

"What do I know? I'm a porter, not a healer ... I only know that she has no children. Incidentally, as I said, she's not a very good housewife. Rebbe! She can't bake challahs either, but to burn the meat for the tsimmes, there she's an expert! ... What do I have to wait around for? Be done with her and an end to it!"

"Are you sickly?" the rabbi turned to the wife, again lowering his eyes to the holy book.

"No, Rebbe ... " she answered with a shiver.

"Well, what then?"

"How do I know? God has sealed me this way." She began sobbing heavily.

"Now hush, don't wail, God can still help," the rabbi comforted her. "From nine to ten years is still a big gap, and we have a great God, a merciful one!"

The wife and her husband were silent.

"Listen, Rebbe," the old woman wanted to begin telling him something.

"No, no." The rabbi didn't give her a chance to talk. "A mother or a mother-in-law shouldn't meddle ... if they themselves are silent, it is already good.

"Truly good, dear children? Good, ha? Well, well, stay quiet, stay quiet, as long as it's good! Now go home ... prepare for Shabbes ... Don't spoil the holy day for yourselves. As you go down the street, pick up for home a little sponge cake and brandy ... a few almonds, Sabbath fruit ... you'll reconcile with each other, in merit of the holy Sabbath, all will be well ... and if not, so be it, there's always a Sunday and an entire week!"

His audience remained silent, and the rabbi hurried them out amicably:

– רבי – האָט ער געזאָגט – נײַן יאָר ווין איך שוין אָט מיט דער נקבֿה, און איך האָב פֿון איר קיין קינדער נישט....

– אום! – מאַכט דער רבֿ מיט אַ שאָקל מיטן קאָפּ.

– און איך וויל אָבער האָבן אַ קדיש ווי גאָט האָט געבאָטן און גוטע לײַט טוען...אַגבֿ....

– איז זי דען אַ חולנית? – האַקט אים דער רבֿ איבער.

– איך ווייס? איך בין אַ טרעגער, נישט קיין רופֿא...איך ווייס נאָר, אַז זי האָט נישט קיין קינדער – אַגבֿ, ווי געזאָגט, איז זי קיין בריה נישט. רבי! חלות באַקן קען זי אויך נישט; דאָס צימעס־פֿלייש צו ברענען איז זי גראָד אַן עלוי!...וואָס האָב איך צו וואַרטן? אָפּגעשלאָגן כּפּרה און אַן עק!

– דו ביסט חולה? – ווענדט זיך דער רבֿ צום ווײַבל, צוריק אַראָפּלאָזנדיק דאָס אויג צום ספֿר.

– ניין, רבי... – ענטפֿערט זי מיט אַ ציטער.

– וואָס דען?

– איך ווייס? גאָט האָט מיר אַזוי געחתמת – האָט זי אָנגעהויבן שטאַרק צו וויינען.

– נו שאַ, קלאָג נישט, גאָט קען נאָך העלפֿן – טרייסט זי דער רבֿ – פֿון נײַן ביז צען יאָר איז נאָך ווײַט, און אַ גאָט האָבן מיר אַ גרויסן, און אַ בעל־רחמים!

דאָס ווײַבל מיטן מאַן שווײַגן.

– הערט איר, רבי – וויל די אַלטע אָנהייבן צו דערציילן.

– ניין, ניין – לאָזט זי דער רבֿ צום וואָרט נישט קומען – אַ מאַמע, צי אַ שוויגער, מישט זיך נישט אַרײַן...אַז זיי אַליין שווײַגן איז שוין גוט.

– אמת גוט, קינדערלעך? גוט, האַ? נו, נו, שווײַגט, שווײַגט, אַבי עס איז גוט! צונד גייט אַהיים...מאַכט שבת...פֿאַרשטערט אײַך נישט דעם הייליקן טאָג. איר גייט דורך דער גאַס, כאַפּט אַהיים אַ ביסל לעקעך און בראָנפֿן... אַ ביסל מאַנדלען, שבת אויבס...איר וועט אײַך אויסגלײַכן, אין זכות פֿון שבת קודש וועט אַלץ גוט זײַן...אלא ניט, מילא, איז דאָך דאָ אַ זונטיק און אַ גאַנצע וואָך!

דער עולם שווײַגט און דער רבֿ אײַלט זיי מיט גוטן:

"Well! Go, go, dear children, go, it's late – prepare for the Sabbath!

The wife looked at her husband with fear, and at the rabbi with hope.

"You are ordering us to do this, Rebbe?" the man wanted confirmation.

"Yes, I order you," said the rabbi, "and the Torah so commands it . . . and it *ought to be* this way. A good Shabbes, dear children!"

"All right . . . come home!" said the porter.

Rivke clapped her hands together; a heavy stone fell from her heart. She breathed strongly and deeply, and with a lighter mood ran out of the house. It was already very late; at this hour she certainly would not have gotten any meat. . . .

God be praised, she thought, that the hen isn't treyf – it would be proper for her to say the blessing for when one averts a great disaster – and may our rabbi live long and be healthy! Such a sage, such a holy Jew! To make peace in this manner! Ay, ay, a character of gold!

With courage she shoved open the door of her house, but remained standing in the doorway as if turned to stone –

"I can smell something burning," she cried out.

"Huh? Who? What?" Mendl was roused from the small Chumash.

"Oh, such a calamity to happen to me, the fish is burnt!" Rivke wrung her hands.

"Burnt?" Mendl was now fully come to. "Burnt?" He sniffed several times with his nose. "Yes, indeed!" he said. "You can tell!"

And both of them stood there, wringing their hands by the pan of scorched fish. But Mendl was the first to recover:

"Why did you take so long?" he said in a fury. "Couldn't you have come home sooner?"

Rivke gave a start; this was the first time she'd heard such a hard voice from him! The first spoiled Sabbath was about to happen!

"And where is the meat?" he demanded. "Why are you standing there like a dummy?"

"The hen is kosher." She only now recalled the joyful ruling.

"The hen is kosher? Kosher, you say, you good-for-nothing? And meanwhile, I sold it to the watchman!"

- נו! גייט, גייט, קינדערלעך, גייט, עס איז שפּעט, מאַכט שבת!

דאָס ווײַבל קוקט מיט מורא אויפֿן מאַן און מיט האָפֿענונג אויפֿן רבֿ.

- איר הייסט אַזוי, רבי? - פֿרעגט איבער דער מאַן.

- יאָ, איך הייס - מאַכט דער רבֿ - איך הייס, און די תּורה הייסט אַזוי... און עס דאַרף אַזוי זײַן. אַ גוטן שבת, קינדערלעך!

- נו... קומט אַהיים! - מאַכט דער טרעגער....

רבֿקה האָט געגעבן אַ קלאַפּ מיט די הענט, עס איז איר אַ שטיין אַראָפּ פֿון האַרצן. זי האָט אָפּגעאָטעמט שטאַרק און טיף, און איז מיט אַ לײַכטער געמיט אַרויסגעלאָפֿן פֿון שטוב. עס איז שוין געווען גאָר שפּעט; אַצונדערט וואָלט זי שוין זיכער נישט באַקומען קיין פֿלייש....

„געלויבט איז גאָט," האָט זי געטראַכט, „וואָס די הון איז נישט טריף, גומל בענטשן מעג זי! - „און לעבן זאָל אונדזער רבֿ, און געזונט זײַן! אַזאַ חכם, אַזאַ הייליקער ייִד! אַזוי שלום מאַכן! איַי, איַי אַ גאָלד!"

מיט קוראַזש האָט זי געגעבן אַ מאַך אויף די טיר פֿון איר שטוב, נאָר אין טיר איז זי געבליבן ווי פֿאַרשטיינערט -

- מען פֿילט עפּעס צוגעברענט - האָט זי אויסגעשריגן.

- האַ? ווער? וואָס? - כאַפּט זיך מענדל אויף פֿון חומשל.

- אוי, אַ ווייטיק איז צו מיר, די פֿיש זענען פֿאַרברענט! - פֿאַרברעכט זיך רבֿקה די הענט.

- פֿאַרברענט? - כאַפּט זיך מענדל אויף - פֿאַרברענט? - ער ציט עטלעכע מאָל מיט דער נאָז. - יאָ, טאַקע! - מאַכט ער - מען פֿילט!

אוןביידע זענען געבליבן שטיין מיט פֿאַרבראָכענע הענט בײַ דער פֿאַן מיט די צוגעברענטע פֿיש. נאָר מענדל קומט פֿריִער צו זיך:

- וואָס האָסטו זיך אַזוי לאַנג געזוימט? - מאַכט ער מיט אַ ירגזון - האָסט נישט געקענט פֿריִער אַהיים קומען?

רבֿקה גיט אַ צאַפּל; דאָס ערשטע מאָל הערט זי אַזאַ האַרט קול פֿון אים! „עס גייט דער ערשטער פֿאַרשטערטער שבת!"

- און, ווו איז דאָס פֿלייש? - פֿרעגט ער איבער - וואָס שטייסטו ווי אַ גולם?

- די הון איז כּשר! - דערמאָנט זי זיך ערשט אָן דער שׂמחה.

- די הון איז כּשר? כּשר, זאָגסטו, שלימזל? און איך האָב זי דערווײַל דעם סטרוזש פֿאַרקויפֿט!

"Whatever made you do that, Mendl?" she let out a heart-rending cry.

"This just really serves you right," raged Mendl. "If it's kosher, why did you sit there? If one sits there, then it's treyf. So I was sure that you were running around after meat! That's what I call a loser, that's what's called a woman who runs around in the streets!" Mendl let loose.

Rivke stood there petrified.

The things that she had heard today: "Serves you right"... and "loser"... and "streetwalker" – it's beginning, she thought, it's just now beginning. It seemed to her that something between them had been torn in two, and one of these days he would drag her by the shoulder to the rabbi.

SALOMEA PERL
Perets' Bletlekh
1895

- ווי פֿאַלסטו אויס, מענדל? - לאָזט זי אַרויס אַ יאָמערלעך געשריי.

- אַ רעכטע שיינע ריינע כּפּרה... - בייזערט זיך מענדל - אַז כּשר וואָס ביסטו געזעסן? אַז מען זיצט, איז טרפֿה; בין איך זיכער, אַז דו לויפֿסט אַרום נאָך פֿלייש! - דאָס הייסט אַ שלימזל, דאָס הייסט אַ לויפֿערקע! - צעלאָזט זיך מענדל.

רבֿקה בלײַבט שטיין ווי פֿאַרשטיינערט.

וואָס זי האָט הײַנט אַלץ געהערט: „אַ שיינע ריינע כּפּרה"... און „שלימזל"... און „לויפֿערקע," עס הייבט זיך אָן, טראַכט זי, עס הייבט זיך ערשט אָן... איר דאַכט זיך, אַז עס האָט זיך צווישן זיי עפּעס אָפּגעריסן, אַז ער וועט זי נאָך שלעפּן אַ מאָל בײַ דעם אַקסל צום רבֿ.

סאַלאָמעאַ פּערל

פּערעצס בלעטלעך

1895

Seeking Bread

Life and peace to my beloved husband, our teacher and rabbi Mikhoel.

First, I'm writing to you that I am, thank God, in good health. May God, blessed be He, help that I should hear the same from you. Second, my soul aches at not receiving any letters from you. I don't know what might have happened. I do understand that you are reluctant to part with the seven kopecks for a stamp – so write an open postcard, or look for a chance to send a letter with someone coming this way.

Meanwhile, my dear husband, I've already sold the copper saucepan and the noodle board. Everything is disappearing, and I don't know what to do with myself for heartache.

And here, I'm ashamed to show myself in the street; people won't leave me alone for a second. Each one wants to know where you went off to, whether you're already sending some money. Sometimes they even make fun of me and say that you've left me a deserted wife, may I not live to see such a thing. You remember old Tsirl with the blue bonnet? She pretended to drag me to the rabbi, so he would write to the newspaper *Hatsfire*. I know that they are just making fun, but the laughter pierces me. Others just exasperate me to death, questioning why I let you leave, since everybody is out of work and yet they don't leave town. They say that if they did, the world would be in chaos.

Meanwhile, Red Shmuel and Tall Borukh have also gone away, although not to Warsaw; I've forgotten what the city is called. And Sore-Rivke has big troubles–her goat died on her.

ברויט זוכנדיק

החיים והשלום לאהובֿי בעלי מהור"ר מיכאל.

ערשטנס שרײַב איך דיר, אַז איך בין ב"ה געזונט, השי"ת זאָל העלפֿן פֿון דיר דאָס נעמלעכע צו הערן. צווייטנס האָב איך גרויס עגמת נפֿש פֿון דעם, וואָס איך האָב פֿון דיר נישט קיין בריוו. איך ווייס שוין נישט וואָס איבערצוטראַכטן. איך פֿאַרשטיי אַפֿילו, אַז עס איז דיר אַ שאָד אַ מאַרקע פֿאַר 7 קאָפּ׳; שרײַבט מען אַן אָפֿענע קאַרטע אָדער מען זוכט אַ געלעגנהייט.

דערווײַל, מײַן ליבער מאַן, האָב איך שוין די קופּערנע פֿאַן מיטן לאָקשנברעט פֿאַרקויפֿט. עס איז אויף אַלץ געקומען אַ פֿאַרכאַפּעניש, און איך קען מיר פֿאַר האַרצדריקעניש קיין אָרט נישט געפֿינען.

און דאָ שעם איך מיר אַרויסצוקומען אין גאַס אַרײַן, מען לאָזט מיך נישט אָפּ אַ רגע. יעדערער וויל וויסן, ווו אַהין דו ביסט אַוועק, צי דו שיקסט שוין עפּעס געלט. זיי מאַכן גאָר טייל מאָל חוזק און זאָגן, אַז דו האָסט מיך געלאָזט אַן עגונה, נישט דערלעבן זאָל איך עס. דו געדענקסט די אַלטע צירל מיטן בלאָען ציפּיק? זי האָט מיך שוין מכלומרשט געשלעפּט צום רבֿ, ער זאָל שרײַבן אויף דער הצפֿידה. איך ווייס אַז זיי טרײַבן קאַטאָוועס, נאָר דאָס לאַכן שטעכט מיך. אַנדערע עסן מיר אויף די גאַל, פֿאַר וואָס איך האָב דיך געלאָזט פֿאָרן, באשר־בכן – אַלע האָבן קיין פּרנסה נישט און מען פֿאָרט נאָך נישט אַוועק; עס וואָלט פֿון דער וועלט תּוהו־ובֿוהו געוואָרן, זאָגן זיי.

דערווײַל איז דער רויטער שמואל און דער לאַנגער ברוך אויך אַוועקגעפֿאָרן; אַפֿילו נישט קיין וואַרשע, איך האָב פֿאַרגעסן ווי די שטאָט הייסט. און בײַ שׂרה־רבֿקה׳ן איז גרויסע צרות, עס איז איר די ציג געפּגרט.

See to it, my husband, write letters and earn money. Gele the innkeeper's wife wants to hire me for the time of her daughter-in-law's confinement; she's already in her seventh month. But I am still waiting, just in case God, blessed be He, will have mercy and you will come home, or earn some money there. There's no more news. May God, blessed be He, protect me from depending on strangers for my livelihood, but if I must, I will go to Gele's. I can no longer bear it in the empty house.

Your faithful wife, Genendl

In the same handwriting is added:
"I also send my kindest regards – Shmeril, Bertsi's husband"

*　*　*

My amiable and loyal wife Genendl, may she live long.

First, I write to tell you that I'm in good health, may God, blessed be He, help that I hear the same from you, together with salvation and consolation. Second, that I've been living for a few weeks already in the dark alleyway at Yenkl the Mender's, Shprintse's brother-in-law. Things are going very badly for him, poor fellow, and his wife is lying in confinement with a baby boy. We haven't slept for an entire week – she has had a lot of pain. Yet God, blessed be He, has helped.

And as to your question, my dear wife, about a livelihood, know that with regard to earning a living, it is very hard here. The city is indeed large, the houses like mountains and all of them crammed full of people, but a livelihood is not to be found in the streets.

In the meantime, I still haven't been able to find a solution. I go around as if drunk. The droshkies (a sort of stagecoach with one or perhaps two horses) clip and clop on the cobblestones. There are also trolley cars here, yellow ones and red ones and blue ones – you should see how one horse pulls an entire streetcar that is as big as our Beril's house. It goes along on iron rails, and it clangs. And here people shout: "Hot sausages, walking sticks, mirrors;" and people run, and people shove from all sides, but there's no sign of a livelihood; although it is so congested that sometimes people are simply crushed.

– זע, מײַן מאַן, צו שרײַבן בריוו און צו פֿאַרדינען געלט. געלע די שענקערין וויל מיך צונעמען אויף דער צײַט פֿון דער שנורס קימפּעט, זי איז שוין אין 7טן חודש, נאָר איך וואַרט נאָך אַלץ, טאָמער וועט זיך השי״ת מרחם זײַן און דו וועסט אַהיים קומען, אָדער דאָרט געלט פֿאַרדינען. מער קיין נײַעס; השי״ת זאָל מיך באַהיטן פֿון פּרנסה פֿון פֿרעמדע הענט, נאָר, אַז איך וועל מוזן, וועל איך גיין צו געלען, איך קען שוין נישט אויסהאַלטן אין דער ליידיקער שטוב.

דײַן געטרײַ ווײַב גנענדל

מיט דער זעלבער האַנטשריפֿט איז צוגעשריבן:
„גם אני גריס דיך אויך גאָר האַרציק, שמעריל בערציס מאַן״

* * *

מײַן האַרציק געטרײַ ווײַב גנענדל, זאָל לעבן.

ערשטנס שרײַב איך דיר פֿון מײַן ליב געזונט, השי״ת זאָל העלפֿן פֿון דיר אויך דאָס נעמלעכע מיט ישועות ונחמות צו הערן. צווייטנס, אַז איך ווין שוין אַ פּאָר וואָכן אויפֿן פֿינצטערן געסל בײַ יענקל דעם לאַטניק, שפּרינצעס שוואָגער. עס גייט אים נעבעך זייער שלעכט און דאָס ווײַב זײַנס ליגט אין קימפּעט מיט אַ ייִנגל. מיר זענען אַ גאַנצע וואָך נישט געשלאָפֿן, זי האָט גרויסע ווייטיקן געהאַט, נאָר השי״ת האָט געהאָלפֿן.

און וואָס דו פֿרעגסט, מײַן ליב ווײַב, וועגן פּרנסה, זײַ וויסן אַז וועגן פּרנסה איז דאָ זייער שווער, די שטאָט איז טאַקע גרויס, די הײַזער ווי די בערג און אַלע אָנגעשטאָפּט מיט מענטשן, נאָר קיין פּרנסה געפֿינט מען נישט אין די גאַסן.

דערווײַל קען איך מיר נאָך קיין עצה נישט געבן. איך גיי אַרום ווי שיכּור. די דראָשקעס (אַזוינע קעטשלעך מיט איינציקע אָדער צוויי פֿערד) האַקן און זעצן, הײַנט איז נאָך דאָ טראַמווײַען, געלע און רויטע און בלאָע – דו זאָלסט זען ווי איין פֿערד שלעפּט אַ גאַנצן וואָגן, וואָס איז אַזוי גרויס ווי אונדזער בעריליס הויז און דאָס גייט אויף אײַזן און עס קלאַפּט, און דאָ שרײַט מען: הייסע קישקעלעך, שטעקעלעך, שפּיגעלעך און מען לויפֿט, און מען שטופּט זיך פֿון אַלע זײַטן, נאָר קיין פּרנסה זעט מען נישט; כאָטש עס איז אַן ענגשאַפֿט, אַז טייל מאָל ווערט מען פּשוט דערדריקט.

I placed myself in the middle of the street so that someone might send me on an errand, and I stood there an entire day in vain. It was only that night that Yenkl told me that I stood there for nothing, because for errands there are special messengers here, called "*poslant-ses*," who must go wherever they are sent, and they wear uniforms with caps that have yellow and red stripes – I had thought that they were city hall people going to and fro. And thus all the jobs are taken.

From the few groschen that I brought with me, a little bit is already gone. Money drips away here like melting snow. You have no idea how things are done here! If you come home after eleven o'clock at night, you have to pay the house watchman a six groschen penalty – otherwise he has the right not to open the gate. The rich pay ten groschen. And you can't come home early, especially if you are looking in every street for work.

Yenkl is a second-hand man; he buys everything under the sun. Early in the morning he throws his sack over his shoulder and brings home all sorts of wares: old stuff, books, trousers, bottles – everything is merchandise here. He goes from house to house, positions himself in the middle of the courtyard, and shouts, "Trading! Trading!" This means that he is announcing that he wants to trade, to buy things. And as soon as a housewife has some old items, she beckons to him through the window, and he runs up and buys it. I would do the same thing except that I don't know any Polish, and this business is found mainly in the Christian streets. This is because in Jewish homes everything is reworked and handed down from parents to children, and from the bigger children to the smaller.

In any case, the business is in bad shape: in respectable large houses they don't let anyone in to shout "Trading! Trading!" But nevertheless, I still think about becoming a second-hand man, because I don't see anything better.

My dear wife Genendl, have no fear, God forbid; I won't leave you a deserted wife, and God, blessed be He, will help and we will yet be together in happiness.

איך האָב מיך אַנידערגעשטעלט אין מיטן גאַס, עס זאָל מיך עמעצער אַ גאַנג שיקן, און בין אָפּגעשטאַנען אַ גאַנצן טאָג אומזיסט. יענקל האָט מיר ערשט בײַ נאַכט געזאָגט, אַז איך בין אומזיסט געשטאַנען, ווײַל אויף געגנג זענען דאָ פֿאַרהאַנדן באַזונדערע משולחים, „פּאָסלאַנצעס״ הייסן זיי, וואָס מוזן גיין, ווו מען שיקט זיי, און זיי טראָגן מונדירן מיט היטלעך מיט געלע און רויטע פּאַסן, אַז איך האָב געמיינט, אַז דאָס שטייען און גייען אַרום מענטשן פֿון מאַגיסטראַט, און אַזוי איז אַלץ פֿאַרנומען.

פֿון די פּאָר גראָשן, וואָס איך האָב מיטגענומען פֿעלט שוין אַ ביסל, דאָס געלט טאָפּיעט ווי שניי, דו ווייסט גאָר נישט, וואָס פֿאַר אַ פּאַראָנדקעס דאָ זענען פֿאַרהאַנדן! אַז מען קומט אַהיים נאָך עלף דעם זייגער, מוז מען באַצאָלן דעם סטרוזש פֿון הויז 6 גראָשן קאַרע, אַניט האָט ער אַ פּראַווע נישט צו עפֿענען דעם טויער; רײַכע צאָלן 10 גראָשן, און פֿרי אַהיימקומען קען מען נישט, בפֿרט אַז מען זוכט פּרנסה אין אַלע גאַסן.

יענקל איז אַ שאַכער: ער קויפֿט אַלץ אין דער וועלט. אין דער פֿרי וואַרפֿט ער דעם זאַק איבער דער פּלייצע און ברענגט אַהיים אַלערליי סחורה, אַלטוואַרג, ביכער, הויזן, בוטלען - אַלץ איז דאָ סחורה. ער גייט פֿון הויז צו הויז, שטעלט זיך אַנידער אין מיטן הויף און שרײַט „האַנדל! האַנדל!״ דאָס הייסט, ער איז מודיע, אַז ער וויל האַנדלען, קויפֿן, און ווי אַ בעל־הביתטע האָט עפּעס אַלטוואַרג, ווינקט זי אים דורכן פֿענצטער, און ער לויפֿט אַרויף און קויפֿט. איך וואָלט אויך דאָס זעלבע געטאָן, קען איך אָבער נישט קיין פּויליש און דער מיסחר איז דער עיקר אין די קריסטלעכע גאַסן, וואָרום אין יידישע הײַזער ווערט אַלץ איבערגעמאַכט פֿון עלטערן אויף קינדער און פֿון גרעסערע אויף קלענערע.

נאָר דער מיסחר איז סײַ ווי סײַ אין דער ערד: אין אָרנטלעכע, גרויסע הײַזער לאָזט מען נישט אַרײַן שרײַען: האַנדל, האַנדל! נאָר פֿון דעסט וועגן קלער איך נאָך צו ווערן אַ שאַכער, ווײַל איך זע נישט קיין בעסערס.

מײַן ליבע ווײַב, גנענדל, האָב נישט חס ושלום, קיין מורא; איך וועל דיך קיין עגונה נישט לאָזן, און השי״ת וועט העלפֿן, וועלן מיר נאָך זײַן צוזאַמען אין נחת.

I also implore you, my dear wife Genendl, that you not have any heartache, God forbid. As I was leaving, you cried so much, and that weeping lies yet on my heart. When I wake up at night, I hear you crying. And this is not permitted, one should have faith in God, blessed be He. Be well and strong, and give everyone a warm hello from me.

Your husband, Mikhoel

(Added to the letter)

It might even be a good idea that you do go over to Gele's, just so that you won't be alone. When I'm alone sometimes, I go nearly mad. Do indeed make an effort and avoid aggravation. Yenkl and his wife send warm greetings to you. I am hurrying because Friday night is the celebration of their new son, and Yenkl has asked me to take a pillow to the pawnshop. This serves as a pledge for a loan, because here when someone wants to lend money at interest and take pledges, they must have a pawnshop, that is – they must have a license to make loans.

Your faithful husband, Mikhoel

*   *   *

My beloved husband, Mikhoel,

*

I have listened to you and am already at Gele's – well, so be it, but I did not expect to be in this position! At my wedding, no one played this tune for me … I thought it would be different. Yet, as it is God's will and what you have bidden me … but my misery is great. As long as I'm in the tavern, in all the hustle and bustle, it doesn't bother me. But when I go into the kitchen and begin scrubbing a pan or some other dish and I remember that I sold my own things – no longer the mistress of my own house, I've now come to be dependent on others – a bitterness runs through all my bones. Oh, my husband, Mikhoel! For you things are still not too bad … And especially when I go up to the closet and recall that I too had dresses, along with a velvet coat – alas, something tears at my heart. But thank God, I am healthy, and I hope, by His precious name, that this won't last forever.

אויך בעט איך דיך זייער, מײַן ליב ווײַב, גנענדל, דו זאָלסט, חס ושלום, קיין עגמת־נפֿש נישט האָבן. אַז איך בין אַוועקגעפֿאָרן האָסטו זייער געוויינט און דאָס געוויין ליגט מיר נאָך אויפֿן האַרץ: אַז איך כאַפּ מיך אויף בײַ נאַכט, הער איך דיך וויינען. און דאָס טאָר מען נישט, אַ מענטש דאַרף האָבן בטחון צו גאָט, ברוך הוא. זײַ געזונט און שטאַרק, און גריס אַלע פֿרײַנדלעך.

דײַן מאַן מיכאל

(צוגעשריבן)

עס איז אַפֿילו גלײַך, דו זאָלסט אַריבערגיין צו געלען, אַבי נישט אַליין צו זײַן. אַז איך בלײַב אַ מאָל אַליין, ווער איך שיִער משוגע. זע טאַקע און האָב קיין עגמת־נפֿש נישט. יענקל און זײַן ווײַב לאָזן דיך גאָר פֿרײַנדלעך גריסן. איך אײַל מיך, ווײַל פֿרײַטיק צו נאַכטס איז דער שלום־זכר, האָט מיך יענקל געבעטן איך זאָל אים אַוועקטראָגן אַ קישן אין לאָמבאַרד אַרײַן, דאָס הייסט פֿאַר אַ משכּון; ווײַל דאָ, אַז מען וויל אַוועקלײַען אויף פּראָצענט און נעמען משכּנות, מוז מען האָבן אַ לאָמבאַרד, דאָס הייסט - אַ הלוואה מיט אַ פּאַטענט.

דײַן געטרײַער מאַן, מיכאל

* * *

מײַן ליבער מאַן, מיכאל.

*

איך האָב דיך געפֿאָלגט און בין שוין בײַ געלען; מילא - געריכט האָב איך מיך נישט דערויף! און בײַ מײַן חתונה האָט מען מיר נישט דאָס געשפּילט... איך האָב אַנדערש געמיינט. נאָר אַז גאָט וויל און דו האָסט געהייסן... נאָר צרות האָב איך גרויסע. כּל־זמן איך בין אין שענק, אין גערודער, אַרט מיך נישט. נאָר אַז איך קום אין קיך אַרײַן, און נעם מיך אויסצופּוצן אַ פֿענדל אָדער אַן אַנדערע כּלי, און דערמאָן מיך אַז איך האָב מײַנע זאַכן פֿאַרקויפֿט, אויס בעל־הביתטע געוואָרן, און געקומען אויף אַנדערע הענט, לויפֿט מיר אַ ביטערקייט דורך אַלע ביינער. אוי, מײַן מאַן, מיכאל! דיר איז נאָך וויל... בפֿרט אַז איך גיי צו צו דער שאַפֿע - און דערמאָן מיך, אַז איך האָב אויך געהאַט קליידער, מיט אַ סאַמעטענעם מאַנטל - אַך, עפּעס רײַסט זיך מיר אָפּ אין האַרץ. נאָר געזונט, ב״ה, בין איך, און איך האָף צו זײַן ליבן נאָמען, אַז עס וועט אַזוי אייביק נישט דויערן.

Meanwhile, though, I suffer. Yesterday Mendl the butcher came in, the scoundrel, and said to me that you had gone off to America. My heart clenched; I cursed him and his grandfather both. He doubled over with laughter, and of course I saw that he was teasing me. Even so, I didn't sleep at all last night. I was afraid to fall asleep, so that I wouldn't dream that you had indeed gone to America – I would have killed myself!

But – all these people are wicked, and cut me to the quick. Beyle, the wigmaker, was in Warsaw to get hair. She had to tell me that she saw you in the street. She didn't talk to you because she was traveling in a droshky (certainly I believe this!). She saw that you were wearing your Sabbath coat in the middle of the week, with shined boots. "He looks too dressed up to me," she said, the wicked woman, and all the blood rushed to my face. I couldn't answer her; my heart felt tight in my chest.

Yet, Mikhoel darling, with all this, I am not losing heart. I hope by His precious name that speedily and soon we'll be together; we'll have our Sabbaths and holidays, and people's tongues will stop wagging. But in the meantime, woe to me, it eats at my insides.

Gele is really a good person, but when she gets angry she abuses and disparages me, and since I am a servant, I must remain silent! After all, I eat her bread. And to add insult to injury, she claims I do a bad job washing her tablecloths! Anyway, do you have any idea who might have taught me how to launder? Yet no doubt, God, blessed be He, is doing this intentionally, so that I master how to do laundry, and certainly, speedily and soon, I will be washing my own tablecloths. Ah, would that I live long enough to see this . . . oh Master of the Universe, may you at least earn that first ruble!

Your devoted wife, Genendl

נאָר דערווײַל האָב איך צרות. נעכטן קומט אַרײַן מענדל קצבֿ, דער ימח־שמוניק, און מאַכט צו מיר, אַז דו ביסט גאָר אַוועק קיין אַמעריקע. עס האָט מיך אָנגעכאַפּט בײַם האַרץ, איך האָב'ן געשאָלטן אין טאַטנס טאַטן אַרײַן. ער האָט זיך געקוײַקלט פֿאַר געלעכטער, האָב איך דאָך געזען, אַז ער מאַכט חוזק, און דאָך האָב איך שוין אַ גאַנצע נאַכט נישט געשלאָפֿן; איך האָב גאָר מורא געהאַט אײַנצושלאָפֿן, עס זאָל זיך מיר נישט חלומען, אַז דו ביסט אַוועק קיין אַמעריקע; איך וואָלט אין מיר אַ מעשׂה געטאָן!

נאָר – אַלע מענטשן זענען רשעים און פֿאַרגיסן מיר דאָס בלוט. ביילע, די שייטל־מאַכערין, איז געוועזן אין וואַרשע נאָך האָר, דאַרף זי מיר פֿאַרציילן, אַז זי האָט דיך געזען אין גאַס, גערעדט האָט זי מיט דיר נישט, ווײַל זי איז געפֿאָרן אין אַ דראָשקע (איך גלייב איר שוין!), נאָר געזען דיך טראָגן אין מיטן דער וואָך די שבתדיקע קאַפּאָטע מיט געפּוצטע שטיוול; „עפּעס פּוצט ער זיך מיר צו פֿיל" – מאַכט זי, די מרשעת, און מיר איז דאָס גאַנצע בלוט געקומען אין פּנים אַרײַן. און ענטפֿערן האָב איך איר נישט געקענט; עס האָט מיר דאָס האַרץ פֿאַרשפּאַרט.

נאָר, מיכאל־לעבן, בײַ דעם אַלעם פֿאַל איך בײַ מיר נישט אַראָפּ. איך האָף צו זײַן ליבן נאָמען, אַז מיר וועלן גיך און באַלד זײַן צוזאַמען, מיר וועלן האָבן אונדזערע שבתים און אונדזערע ימים־טובֿים, מענטשנס מײַלער וועלן פֿאַרשטאָפּט ווערן, נאָר דערווײַל פּלאַצט מיר נעבעך די גאַל.

געלע איז טאַקע אַ גוטע, נאָר, אַז דער כּעס קומט איר אָן, זידלט זי און שנידלט, און אַ דינסט בין איך, מוז איך שווײַגן! איך עס דאָך איר ברויט. – איך וואַש איר שלעכט די טישטעכער, נו, מײַנע צרות? טאָמער ווייסטו, ווער עס האָט מיך געלערנט וואַשן? נאָר מן־הסתּם טוט גאָט, ברוך הוא, אומישנע אַזוי, איך זאָל מיך אויסלערנען וואַשן און וועל אַוודאי קורץ און באַלד וואַשן מײַנע אייגענע טישטעכער. אוי, ווי דערלעבט מען שוין דאָס... דו זאָלסט כאָטש דאָס ערשטע קערבל פֿאַרדינען, רבונו של עולם!

דײַן געטרײַ ווײַב גנענדל

Mikhoel dear, I must confess to you that for me it is a disgrace and a shame to be a servant. At first it was that I should just go over to Gele's; now people are sending me on errands. Yesterday I was told to go to Yente, the fisherman's wife, do you remember her? She is the one that I didn't allow to eat at our wedding; I told you about it afterwards. Today she is mistress of her own house and I go to her as a messenger. No doubt I have sinned and for no good reason suspected her of gossiping about me. But the punishment is so heavy! Ah, Mikhoel, Mikhoel! Earn a ruble already, and redeem me from the hands of strangers!

This Sabbath there were two bridegrooms called up to the Torah – one from Grine's family, and one from Bashe's. Grine did *not* invite me, and Bashe came in to Gele's place and told me half-heartedly that I might come. Meanwhile, she asked me to bake her a strudel with raisins ... In any case, I won't go because I'm as naked as Adam: I burned my last dress by the chimney. May they have good luck, and God willing, for our own children too ... Ah, Mikhoel, Mikhoel, if I at least had a child – but thinking back on it: with a child, Gele would not have taken me in.

* * *

My beloved, devoted wife, Genendl dearest!

First, I am writing to tell you that I'm already trading in fruit, may it be for prosperity and success. To our shame, I have remaining a total of five rubles and thirty-five kopecks. In addition, there is the forty-groschen coin with the rubbed-off face that Moyshe gave me to take with me; no one here will accept it either. Yenkl took me in to see a well-known orchardist and he will, Yenkl says, treat me honestly.

מיכאל לעב, איך מוז דיר מודה זייַן; עס איז מיר אַ חרפּה און אַ בושה צו דינען. פֿריִער האָט עס געהייסן: איך זאָל נאָר אַריבערגיין צו געלען, הייַנט שיקט מען מיך געננג. נעכטן האָט מען מיך געהייסן גיין צו יענטע די פֿישערקע, געדענקסט? צו דער, וואָס איך האָב נישט געלאָזט עסן אויף אונדזער חתונה, איך האָב דיר עס דערנאָך פֿאַרציילט. הייַנט איז זי אַ בעל־הביתטע און איך גיי צו איר אין שליחות. מן־הסתם האָב איך געזינדיקט און אומזיסט זי חושד געווען, אַז זי האָט אויף מיר גערעדט. נאָר די שטראָף איז אַזוי גרויס! אוי מיכאל, מיכאל! פֿאַרדין שוין אַ קערבל און לייז מיך אויס פֿון פֿרעמדע הענט.

דעם שבת זענען געווען צוויי אויפֿרופֿנס - בייַ גרינען און בייַ באַשען. גרינע האָט מיך *נישט* געבעטן און באַשע איז אַרייַנגעקומען צו געלען און געזאָגט מיר מיט אַ האַלב מויל, אַז איך מעג קומען, דערווייַל האָט זי מיך געבעטן, איך זאָל איר אָפּבאַקן אַ שטרודל מיט ראָזשינקעס... גיין וועל איך סייַ ווי סייַ נישט, איך בין שוין אָדם־נאַקעט; דאָס לעצטע קליידל האָב איך פֿאַרברענט בייַם קוימען. זאָל זיי זייַן מיט מזל, און אם־ירצה־השם, בייַ אונדזערע קינדער... אוי מיכאל, מיכאל, וואָלט איך כאָטש אַ קינד געהאַט - נאָר צוריקגעשמועסט: מיט אַ קינד וואָלט מיך געלע נישט אַרייַנגענומען.

* * *

מייַן ליב, געטרייַ ווייַב גנענדל לעבן!

ערשטנס שרייַב איך דיר אַז איך האַנדל שוין צו מזל ובֿרכה מיט אויבס. געבליבן איז מיר בחרפּתנו אין גאַנצן 5 רובל 35 קאָפּיקעס, אַחוץ דעם אָפּגעריבענעם פֿערציקער, וואָס משה האָט מיר מיטגעגעבן און מען וויל אים דאָ אויך נישט נעמען. יענקל האָט מיך אַרייַנגעפֿירט צו אַ באַקאַנטן סאַדאָווניק און ער וועט מיך, זאָגט ער, ערלעך באַהאַנדלען.

Genendl dear, it is not the way I had thought it would be, but may God be praised for that. The matter would not have been so bad, only you must understand that here one must have a permit for everything – even to sell fruit. There are certain places here where one stands with fruit, but these spots are already rented. And it is not permitted to walk around in the street with merchandise – so one must be on guard like a thief! Also, I'm not used to carrying things around. The first day, I thought my arms would fall off from the baskets that I was carrying. One is not permitted to set them down for even a moment. There is a custom here that each house has its own watchman. The watchman is able to grab a person and throw them in jail or drive them away from the place. This is because although the streets are wide, it is very crowded here and one is not permitted to block the way. Sometimes I wake up suddenly and jump up out of bed with a cry for help, having dreamt that a watchman had seized me, dumped my fruit out into the gutter, and thrown me in jail.

And the streets here are not of bare earth, but in the middle of the street are pointed stones that stab one's feet. Along the sides of the street near the houses, a kind of tar has been poured and hardened, and it is smooth like a floor. They call them "sidewalks." But one is not permitted to walk with baskets on these sidewalks, as it makes the way crowded and can tear someone's clothing. In the middle of the street the stones tear up my feet, and I tremble in fear that a carriage might run me over, because here they rush about like madmen in their droshkies, and you are gambling with your life. But I'm already a little bit used to it, and Yenkl says that in time I'll laugh about all this. His wife, however, has not yet completely recovered her health. Even though she has already long gotten up from her bed and does everything about the house, she still has pain stabbing her in her sides.

גנענדל לעב, עס איז נישט אַזוי ווי איך האָב געמיינט; נאָר געלויבט איז גאָט דערפֿאַר. דער עסק וואָלט נישט שלעכט געווען, נאָר דו מוזסט וויסן, אַז דאָ דאַרף מען אויף אַלעם האָבן אַ דערלויבעניש, אַפֿילו צו האַנדלען מיט אויבס. עס זענען דאָ אַזוינע מקומות, ווו מען שטייט מיט אויבס, נאָר די מקומות זענען שוין פֿאַרדונגען. און גיין אַרום אין גאַס מיט סחורה לאָזט מען נישט; מוז מען זיך היטן ווי אַ גנבֿ! און געווווינט צום טראָגן בין איך אויך נישט. דעם ערשטן טאָג האָב איך געמיינט, אַז איך פֿאַרליר די הענט פֿון די קיישלעך, וואָס איך טראָג. און אַנידערשטעלן טאָר מען זיי נישט אַ רגע. דאָ איז אַ מנהג, אַז יעדעס הויז האָט זײַן באַזונדערן סטרוזש און דער סטרוזש איז בכוח יעדן צו כאַפּן אין קאָזע אַרײַן אָדער אַוועקצוטרײַבן פֿון אָרט, ווײַל דאָ איז זייער ענג, כאָטש די גאַסן זענען ברייט, און מען טאָר דעם וועג נישט פֿאַרשטעלן. טייל מאָל כאַפּ איך מיך אויף און שפּרינג אַרויס מיט אַ געוואַלד פֿון בעט; עס חלומט זיך מיר, אַז אַ סטרוזש האָט מיך געכאַפּט, אויסגעשיט דאָס אויבס אין רינשטאָק אַרײַן און מיך אײַנגעזעצט.

און דאָ זענען די גאַסן נישט פֿון בלויזער ערד, אין מיטן גאַס זענען שפּיציקע שטיינער, וואָס שטעכן אין די פּיס, און אין די זײַטן בײַ די הײַזער איז אויסגעגאָסן און פֿאַרהאַרטעוועט אַ מין סמאָלע און עס איז גלאַט ווי אַ פּאָדלאָגע. זיי רופֿן עס טראָטואַרן, נאָר אויף די טראָטואַרן טאָר מען מיט די קיישלעך נישט גיין, מען זאָל נישט ענג מאַכן און אָפּרײַסן עמעצן די קליידער; און אין מיטן גאַס רײַס איך מיר אָפּ די פּיס, און ציטער, מען זאָל מיך נישט איבערפֿאָרן, ווײַל דאָ יאָגט מען ווי די משוגעים מיט די דראָשקעס, אַז מען איז אײַנגעשטעלט מיטן לעבן. נאָר איך בין שוין אַ ביסל געווווינט, און יענקל זאָגט, אַז מיט דער צײַט וועל איך לאַכן דערפֿון. נאָר די יענקליכע איז עפּעס נישט אין גאַנצן, זי האָט זיך אַפֿילו שוין לאַנג אויפֿגעהויבן און טוט אַלץ אין שטוב, נאָר עס שטעכט איר אין די זײַטן.

My precious wife, Genendl dear. You keep asking when I will bring you down to Warsaw. Do you really need to remind me? Believe me, scarcely does the night begin to fall and fearing to have to pay a penalty to the watchman, I rush home and put away the baskets. But then I'm already restless, and can't settle down. My heart is so heavy that were it not for shame in front of Yenkl, I would burst out crying like a small child. As for sleeping, do you think I can sleep? Do I forget for a moment that you are a servant at Gele's? Believe me that when I pray and ask God to be merciful, I have in mind that He should deliver you from strange hands.

And besides, Shmeril has so highly praised my linen wear, yet the shirts are already tearing... Yenkl's wife tells me that I should send them off to be mended, but I don't want someone else to repair my shirts. I am waiting for you to come. On the Sabbath, I could not put on a shirt mended by other hands.

May God, blessed be He, take pity....

Your faithful husband, Mikhoel.

My dear, devoted wife, beloved Genendl,

I've not yet received an answer from you, but I hasten to inform you that, thanks and praised be His beloved name, I'm already earning a couple of gulden a day. After another two weeks like this, I will bring you to Warsaw or my name is not Mikhoel! Yes, my pure queen, to Warsaw you shall come! It's dry bread we'll be eating, but together! I can't bear it anymore. And I have my eye on a business, a good one. We shall have a street stall, a street stall – that's what they call a stand with fruit here, and indeed, in front of the iron gate!

Ah, Genendl-shi, you should see what kind of fruits they have here! Lemons, apples, oranges, and even grapes! Here they eat grapes the whole year round, not just on Rosh HaShanah for a Shehekheyanu prayer! People pass by, buy some grapes, and eat them as if it were nothing! I *must* trade in grapes, and you will eat grapes as Sabbath fruit every Sabbath, nothing less than the big ones!

מײַן ליב װײַב, גנענדל־לעבן. דו פֿרעגסט אַלץ, װען איך װעל דיך שױן אַראָפּברענגען קײן װאַרשע. צי דאַרפֿסטו מיך אין דעם צו דערמאָנען? גלײב מיר, אַז קוים פֿאַלט צו די נאַכט און איך האָב מורא, איך זאָל קײן קאַרע נישט צאָלן דעם סטרוזש, און קום געשװינד אַהײם, און שטעל אַװעק די קײשלעך - קען איך מיר שױן קײן אָרט נישט געפֿינען. עס כאַפּט מיך אַזױ אָן בײַם האַרץ, אַז װען איך זאָל זיך נישט שעמען פֿאַר יענקלען, װאָלט איך מיך צעװײנט װי אַ קלײן קינד. און שלאָפֿן, מײנסטו, שלאָף איך? איך פֿאַרגעס דען אַ רגע, אַז דו דינסט בײַ געלען? גלײב מיר, אַז װען איך דאַװן און בעט גאָט, ער זאָל זיך מרחם זײַן, האָב איך נאָר אין זינען, ער זאָל דיך אױסלײזן פֿון פֿרעמדע הענט.

נאָר זעסט, שמעריל האָט מיר אַזױ געלױבט די לײַװנט, און די העמדער רײַסן זיך שױן... די יענקליכע ראָט מיר, איך זאָל זײ אַװעקגעבן צו פֿאַרריכטן; נאָר איך װיל נישט עמעץ אַנדערש זאָל מיר מײַנע העמדער פֿאַרריכטן. איך װאַרט שױן, אַז דו װעסט קומען. איך װאָלט פֿון אַנדערע הענט שבת קײן העמד נישט געקענט אָנטאָן.

השי״ת זאָל זיך שױן מרחם זײַן....

דײַן געטרײַער מאַן מיכאל

מײַן ליב געטרײַ װײַב גנענדל לעבן.

איך האָב נאָך פֿון דיר קײן תּשובֿה נישט באַקומען, נאָר איך אײַל מיך דיר מודיע צו זײַן, אַז דאַנק און לױב זײַן ליבן נאָמען, פֿאַרדין איך שױן אַ פּאָר גילדן אַ טאָג. נאָך אַזױנע צװײ װאָכן, הײסט מײַן נאָמען נישט מיכאל, ברענג איך דיך אַראָפּ קײן װאַרשע! יאָ, מײַן כּשרע מלכּה, קײן װאַרשע זאָלסטו קומען! טרוקן ברױט זאָלן מיר עסן נאָר צוזאַמען! איך קען עס שױן נישט אױסהאַלטן. און אױף אַ געשעפּט אַ גוטס, האָב איך אױך שױן אַן אױג. אַ סטראַגאַן װעלן מיר האָבן, אַ סטראַגאַן; אַזױ הײסט דאָ אַ שטעל מיט אױבס, און טאַקע פֿאַרן אײַזערנעם טױער!

אױ, גנענדלשי, דו זאָלסט זען, װאָס פֿאַר פּרות זײ האָבן! ציטרין, עפּל, פּאָמעראַנצן און אַפֿילו װײַנטרױבן! דאָ עסט מען אַ גאַנץ יאָר װײַנטרױבן, נישט נאָר ראָש־השנה צו אַ שהחײנו! עס גײען דורך מענטשן, קױפֿן װײַנטרױבן און עסן, גלײַך גאָר נישט! איך מוז האַנדלען מיט װײַנטרױבן, און דו װעסט אַלע שבת עסן שבת־אױבס װײַנטרױבן, און דװקא די גרױסע!

Genendl dear, I won't rest, I won't eat, I won't drink, for a street stall there must be. A groschen to a groschen, a penny to a penny, and you, my pure soul, will come here and all will be ready! We will even carry marmalade; people also buy this here in huge quantities, especially children. Moreover, there are also various types of little honey cakes. As they say, right out of the oven. You shall see, my wife – I will toil like a horse and a street stall there must be!

I have nothing but aggravation from my boots; they are coming apart. But even if I go barefoot, I will reach my goal....

Your husband Mikhoel

*   *   *

May God revive your heart as you have revived mine, my dear husband Mikhoel! You are as good as gold, Mikhoel beloved! Your devotion is as great as the world itself, and now nothing that evil mouths gossip bothers me. People say all kinds of nasty things and I laugh; Gele fumes sometimes – and I also laugh. Yesterday I got all the floors washed at the same time, such energy did I have inside me; it pushed me to the hardest tasks!

Only one thing hurts my heart, that you are skimping on food! One is dressed the way one is dressed, so be it. One can get used to a torn boot, but eating – Mikhoel dear, one must eat. Even a bird must eat, or else it has no strength to fly; even more so a man, who toils hard and bitterly. People say that in Warsaw little sausages are cheap. Do it for me, and eat a little sausage every day, but a fresh one so that, God forbid, it won't make you sick!

You see to it, my pure husband, and do this to please me, so that you will look good and be healthy. When I come to Warsaw, you should have red cheeks....

גנענדל־לעב, איך וועל נישט רוען, איך וועל נישט עסן, נישט טרינקען און אַ סטראַגאַן מוז זײַן; אַ גראָשן צו׳ן אַ גראָשן, אַ פּרוטה צו׳ן אַ פּרוטה און דו, מײַן כּשרע נשמה, וועסט אַהערקומען צום גרייטן! מיר וועלן דאָ האַלטן אַפּילו מאַרמעלאַד, דאָס קויפּט מען דאָ אויך גאָר אין די מאַסן, בפּרט קינדער. הײַנט זענען פֿאַראַן נאָך כּל־ערליי מינים לעקעכלעך. מען זאָגט, פֿון דער מאַשין אַרויס – הערסט מײַן ווײַב, ווי אַ פֿערד וועל איך האָרעווען און אַ סטראַגאַן מוז זײַן!

איך האָב נאָר עגמת־נפֿש פֿון די שטיוול, זיי עפֿענען זיך, נאָר באָרוועס זאָל איך גיין און צו מײַנעם וועל איך קומען....

דײַן מאַן מיכאל

* * *

גאָט זאָל דיר אַזוי אויך דערקוויקן דאָס האַרץ, ווי דו האָסט מײַן האַרץ דערקוויקט, מײַן טײַערער מאַן מיכאל! אַ גאָלד ביסטו, מיכאל לעב! דײַן געטרײַשאַפֿט איז אַזוי גרויס ווי די וועלט; און אַצינד אַרט מיך נישט, וואָס בייזע מײַלער רעדן. מען רעדט כּל דאָס בייזס און איך לאַך, געלע בייזערט זיך אַ מאָל – לאַך איך אויך. נעכטן האָב איך אויף איין מאָל אַלע פּאָדלאָגעס אויסגעוואַשן, אַזאַ כּוח האָב איך אין מיר געהאַט; עס האָט מיך געטריבן צו דער שווערסטער אַרבעט!

נאָר פֿון איין זאַך האָב איך עגמת־נפֿש, וואָס דו קאַרגסט אויפֿן עסן! מילא ווי מען גייט, גייט מען; מיט אַ צעריסענעם שטיוול קען מען זיך געוווינען, נאָר עסן, מיכאל לעבן, מוז מען, אַפּילו אַ פּייגעלע מוז עסן אַניט – האָט עס קיין כּוח נישט צו פֿליִען, בפּרט אַ מענטש, וואָס האָרעוועט שווער און ביטער. מען זאָגט, אַז אין וואַרשע זענען וואָלוול קישקעלעך. טו מיר צו ליב, און עס אַלע טאָג אַ קישקעלע, נאָר אַ פּרישס עס זאָל דיר, חס ושלום, נישט שאַטן!

זע, מײַן כּשרער מאַן, און טו מיר צו ליב, דו זאָלסט גוט אויסזען און מיר געזונט זײַן. אַז איך וועל קומען קיין וואַרשע, זאָלסטו האָבן רויטע באַקן....

My husband, my dear husband, I'm taking this opportunity to send you through the bearer of this letter two rubles and seventeen kopecks. I received two rubles as wages; ten kopecks was left for me by a great merchant who had bought up here half the wheat in the world. The seven kopecks, a ten halfpenny piece and a four halfpenny piece, I found while washing underneath the pub table, and Gele said that they belonged to me. You should buy more merchandise with this money, and earn more. May God, the blessed one, send forth prosperity into your fruit business.

But see to it, my dear husband, earn quickly, and rent an apartment. For at Yenkl's, as I understand it, it would be crowded. Rent an inexpensive apartment so it won't cost much, perhaps even just part of a room. Let it be a corner – we'll buy Spanish screens. Oh, my heart leaps for joy when I think about our being together – I will laugh at the wealthiest of women.

Make sure, indeed, my husband, Mikhoel, to take care of your health. Once I'm there, this will be my job, but in the meantime do it for me and take care of yourself. When I come, I'll be the one standing at the street stall and selling; you'll be the one going to buy fruit from the orchardists. Until that time, be well and strong.

Your faithful wife Genendl.

Yesterday, in the middle of the street, a cow gored Reb Shloymele the rabbinic judge. God be praised, he feels better, but it was a terrible scare.

*   *   *

מײַן מאַן, מײַן טײַערער מאַן, איך שיק דיר דורך דער געלעגנהייט 2 רובל 17 קאָפּיקעס. צוויי רובל האָב איך אָפּגענומען שׂכירות, 10 קאָפּיקעס האָט מיר איבערגעלאָזט אַ גרויסער סוחר, וואָס האָט דאָ אָפּגעקויפֿט אַ האַלבע וועלט מיט ווייץ, און 7 קאָפּיקעס, אַ צענערל מיט אַ פֿירער, האָב איך געפֿונען בײַם וואַשן אונטערן שענק־טיש, און געלע האָט געזאָגט, אַז דאָס געהער צו מיר. פֿאַר דעם געלט זאָלסטו אײַנקויפֿן מער סחורה און מער פֿאַרדינען. גאָט ברוך הוא זאָל דיר אַרײַנשיקן די ברכה אין די פּרות אַרײַן.

נאָר זע, מײַן טײַערער מאַן, געשווינד צו פֿאַרדינען, און דינג אַ דירה. ווײַל בײַ יענקלען, ווי איך פֿאַרשטיי, וועט זײַן ענג, נאָר אַ וואָלוועלע דירה, עס זאָל ווייניק קאָסטן, מעג זײַן אַ חלק פֿון אַ שטוב, זאָל זײַן אַ ווינקעלע, וועלן מיר זיך קויפֿן הישפּאַנישע ווענטלעך. אוי, דאָס האַרץ שפּרינגט מיר אַרויס פֿאַר שׂמחה, אַז איך דערמאָן מיך אַז מיר וועלן זײַן צוזאַמען. איך וועל לאַכן אויס דער גרעסטער נגידה.

זע נאָר טאַקע, מײַן מאַן, מיכאל, זאָלסט היטן דעם געזונט. אַז איך וועל זײַן, וועט דאָס זײַן מײַן זאַך, דערווײַל טו עס פֿאַר מיר און זײַ געזונט. אַז איך וועל קומען, וועל איך שוין שטיין בײַם סטראַגאַן און פֿאַרקויפֿן, דו וועסט נאָר אײַנקויפֿן, גיין צו די סאַדאָווניקעס. דערווײַל בלײַב געזונט און שטאַרק,

דײַן געטרײַ ווײַב גנענדל

נעכטן האָט אַ קו געבאָזיט אין מיטן גאַס רב שלמה'לען דעם דיין. געלויבט איז גאָט עס איז אים בעסער, נאָר די שרעק איז גרויס געווען.

* * *

To the modest and distinguished woman, Mrs. Genendl, long may she live:

I, Yenkl, the one with whom Mikhoel used to live, am writing you this letter so that you may find a way to come to Warsaw as quickly as possible – your husband is lying in the charity hospital. There is, thank God, no danger, but he was brought to the hospital from the street. We would not have permitted this, but the story happened this way: He was walking down the street with his basket of fruit, and apparently forgot to be on his guard. A watchman came up to him, wrested his basket of fruit from him, dumped the fruit out, and kicked him so hard that he fell down and got a lump on his head. The doctor says that it is not too bad, but that it will take him a long time to get better. And you must come, because he isn't talking sense and he asks only for you. You can stay with us, but you must bring a passport with you. This is a matter of life or death with us, because without a passport they throw people in jail.

May God help us to receive better news, but come quickly because he longs for you very much –

From me, your husband's friend, Yenkl

SALOMEA PERL
Perets' Bletlekh
1895

להאשה הצנועה והחשובֿה מרת גנענדל תּחי׳:

איך, יענקל, וווּ מיכאל האָט געווינט, שרײַב אײַך דעם בריוו, אַז איר זאָלט זען ווי גיך און באַלד צו קומען קיין וואַרשע: אײַער מאַן ליגט אין הקדש. עס איז ב״ה, קיין געפֿאַר, נאָר מען האָט אים גענומען אין הקדש אַרײַן פֿון גאַס. מיר וואָלטן דערצו נישט דערלאָזט נאָר מעשׂה שהיה כּך היה: ער איז אַרומגעגאַנגען מיטן קײשל אויבס אין גאַס, און האָט זיך אַ פּנים פֿאַרגעסן, און עס איז אָנגעקומען אַ סטרוזש און האָט אים אַרויסגעריסן דאָס אויבס און אַוועקגעוואָרפֿן און אים געגעבן אַ קאָפּ, אַז ער איז געפֿאַלן און געמאַכט זיך אַ בײַל אין קאָפּ. דער דאָקטער זאָגט אַז עס איז נישקשה, נאָר אַ לאַנגע קרענק. און איר מוזט קומען, ווײַל ער רעדט פֿון וועג און פֿרעגט נאָר אויף אײַך – איר וועט קענען בײַ אונדז אײַנשטיין, נאָר אַ פּאַס מוזט איר מיטברענגען, ווײַל בײַ אונדז איז עס גאָר חיות, אַז נישט, זעצט מען אײַן.

גאָט זאָל העלפֿן צו בעסערע בשׂורות, נאָר קומט געשווינד ווײַל ער בענקט זייער –

פֿון מיר אײַער מאַנס פֿרײַנד, יענקל

סאַלאָמעאַ פּערל

פּערעצס בלעטלעך

1895

Potki with the Eyebrows

Potki with the Eyebrows – all the children in town knew him; they trembled before him as they would before fire. When they were threatened with "Potki's coming," no matter if they were in the midst of tears, in the midst of laughter or in the middle of a game of dice, they would immediately scatter in all directions, as frightened as if before a wolf.

Potki did indeed look like a wolf; be it summer or winter in the large, black shtreimel pushed down deep over his forehead until it reached his thick, grey eyebrows which looked like two broad brooms poised over his dark, black eyes – Potki with the Eyebrows.

How long Potki had been in town, where he had come from, who was his family – this had never occurred to a single person to ask. Potki belonged to the town as did the town belong to Potki. People had known of him since their grandmothers' time.

The town was laid out like a hamantasch with three corners. In the middle of town stood the synagogue; on the left end was the bathhouse, and on the right end the poorhouse.

Potki lived not far from the poorhouse in the tiny old house that still bore scars from a long-ago fire; it had only a bit of roof left and small, broken-out windows. The house was once inhabited by Crazy Sheindl, who was possessed by a dybbuk and had consorted with demons. Many times during the night people could hear panting and crowing coming from the house.

Potki's household was not large: he and Tsipki, his wife. Their only daughter, Freidel, was a servant girl for Reitski, a wealthy woman, and had already earned six ducats. Potki's other children had not lived until adulthood. Of four boys and three girls, there was left only Freidel. From seven, now only one.

פּאָטקי מיט די ברעמען

פּאָטקי מיט די ברעמען האָבן געקענט אַלע קינדער פֿון שטעטל; זיי האָבן געציטערט פֿאַר אים ווי פֿאַר פֿײַער. „פּאָטקי גייט,“ פֿלעגט מען זיי מאַכן אַ סטראַשונעק, און אין מיטן געוויין, אין מיטן געלעכטער, אין מיטן ביינדלעך־שפּילן פֿלעגן זיי גלײַך זיך פֿונאַנדערלויפֿן פֿון שרעק ווי פֿאַר אַ וואָלף. פּאָטקי האָט טאַקע אויסגעזען ווי אַ וואָלף; אייביק, זומער און ווינטער, אין דעם גרויסן שוואַרצן שטרײַמל, טיף אַראָפּגערוקט אויפֿן שטערן ביז אין די גרויע, גערדיכטע ברעמען, וואָס האָבן אויסגעזען ווי ברייטע בעזעמס איבער זײַנע שוואַרצע, פֿינצטערע אויגן – פּאָטקי מיט די ברעמען.

ווי לאַנג פּאָטקי איז געווען אין שטעטל, פֿון וואַנען ער האָט זיך גענומען, ווער איז זײַן משפּחה, דאָס איז גאָר קיינעם נישט אײַנגעפֿאַלן צו פֿרעגן. פּאָטקי האָט געהערט צום שטעטל, ווי דאָס שטעטל צו פּאָטקין. מען האָט אים נאָך געדענקט פֿון דער באָבעס צײַטן.

דאָס שטעטל האָט אויסגעזען ווי אַ המן־טאַש מיט דרײַ עקן. אין מיטן איז געשטאַנען די שול, בײַם לינקן עק די באָד, און בײַם רעכטן דער הקדש.

פּאָטקי האָט געוווינט נישט ווײַט פֿון הקדש, אין דעם אַלטן אָפּגעברענטן הײַזל, וואָס האָט געהאַט נאָר איין שטיקל דאַך און האַלבע אויסגעבראָכענע פֿענצטער. אַ מאָל האָט דאָרט געוווינט די משוגענע שיינדל, וואָס האָט געהאַט אין זיך אַ דיבוק און האָט זיך געקענט מיט די נישט־גוטע. בײַ נאַכט פֿלעגט מען וויפֿל מאָל דאָרט הערן סאַפּען און קרייען.

פּאָטקיס הויזגעזינד איז נישט געווען גרויס: ער און ציפּקי, זײַן ווײַב. די איינציקע טאָכטער פֿריידל האָט געדינט בײַ רייצקי דער נגידתטע און האָט שוין גענומען זעקס רענדלעך. קינדער האָבן זיך בײַ פּאָטקין נישט געוואָלט האַלטן. פֿון פֿיר ייִנגלעך און דרײַ מיידלעך איז געבליבן איין פֿריידל. פֿון זיבן איז איינס געבליבן.

Potki could be seen going from one end of town to the other several times a day. At dawn when it was still nearly dark, he would rap on the window shutters and awaken the householders to go to synagogue. The heder children already knew Potki's knock and Potki's voice. They would quickly bury their heads underneath their eiderdown covers so that the teacher's helper would not find them so quickly. Potki's voice could be heard from far away; he sounded like a drum, like the blowing of a shofar. For such a synagogue-summoner, such a bathhouse-summoner, one would have to look far.

The bath mistress, Keile, wouldn't be able to manage without Potki. He was the envoy through whom she would customarily let the housewives know which days the mikveh would be open, so that they had time to prepare and have firewood sent in. The firewood must be sent in two days beforehand, and Potki would not allow himself to be cheated. He would pile the wood high up on his arms, as much as he could possibly carry. "He'd like to take half the barn with him," the housewives would fume, "and even then, the mikveh is cold, cold as ice."

Every Friday, however, and on the eve of every Chodesh, Potki would set aside his friendship with the bath mistress. He would now have his own livelihood to attend to: to go to all the houses. Even if the bath mistress stood on her head, Potki would not be deterred from pursuing his occupation. Should she prostrate herself on the ground before him, he would not chop even a few pieces of wood.

"I can't split myself into bits and pieces," he would say angrily. "I too have a soul; my soul is not made of old rope!"

And from one house to the next, from door to door, there Potki would be standing with his fur hat down over his brows, brows that looked like two brooms suspended over his eyes.

He would not allow himself to be talked into accepting one groschen; his tax was two. Under no circumstance would he accept cooked food either.

פּאָטקין פֿלעגט מען זען אין שטעטל גיין פֿון איין עק צום אַנדערן עטלעכע מאָל אַ טאָג. שוין באַגינען, עס איז נאָך כּמעט געווען פֿינצטער, פֿלעגט ער אָנקלאַפּן אין די לאָדנס און וועקן די בעלי־בתּים אין שול אַרײַן. די חדר קינדער האָבן שוין געקענט פּאָטקיס קלאַפּן און פּאָטקיס קול. געשווינד פֿלעגן זיי באַהאַלטן די קעפּ אונטער דער פּערענע, דער באַהעלפֿער זאָל זיי אַזוי געשווינד נישט געפֿינען. פּאָטקיס קול האָט מען געהערט פֿון דער ווײַטנס, ער האָט זיך געהערט ווי אַ פּויק, ווי שופֿר בלאָזן. אַזאַ שול־רופֿער, אַזאַ באָד־רופֿער איז געווען ווײַט צו זוכן.

די בעדערקע קיילע וואָלט זיך אָן פּאָטקין גאָר נישט קיין עצה געגעבן. ער איז געווען דער שליח דורך וועלכן זי האָט געוויינטלעך די בעל־הביתטעס מודיע געווען וועלכן טאָג די מיקווה וועט אָפֿן זײַן, כּדי די בעל־הביתטעס זאָלן זיך בײַ צײַטן קענען צוגרייטן און האָלץ אַרײַנשיקן. האָלץ האָט מען געמוזט אַרײַנשיקן צוויי טאָג פֿריִער, און פּאָטקי האָט זיך נישט געלאָזט אָפּנאַרן. ער פֿלעגט אָנלייגן האָלץ אויף די אָרעמס, וויפֿל עס האָט נאָר געקענט אַרויף. – „אַ האַלבע שטאַל וואָלט ער געוואָלט מיטנעמען,״ – פֿלעגן זיך וואַרפֿן די בעל־הביתטעס – „דערנאָך איז די מיקווה קאַלט, ווי אײַז.״

יעדן פֿרײַטיק אָבער און יעדן ערבֿ ראָש־חודש פֿלעגט פּאָטקי ווערן אויס חבֿרשאַפֿט מיט דער בעדערקע; דאָ האָט ער שוין געהאַט זײַן אייגענע פּרנסה צו באַזאָרגן: אין די הײַזער גיין. דאָ האָט זיך די בעדערקע געקענט שטעלן אויפֿן קאָפּ, פּאָטקין איז נישט געווען פֿון זײַן פּרנסה אָפּצורײַסן. זי האָט זיך געקענט אויסציִען פֿאַר אים, האָט ער נישט געוואָלט אַפֿילו אַ פּאָר שטיקלעך האָלץ צעהאַקן.

– איך קען זיך אויף שטיק־שטיקלעך נישט צערײַסן – פֿלעגט ער זיך געבן אַ בייזער. – איך האָב אויך אַ נשמה, מײַן נשמה איז נישט פֿון קליאָטשע!

און פֿון הויז אין הויז, פֿון טיר צו טיר פֿלעגט פּאָטקי בלײַבן שטיין אין זײַן פֿוטערן היטל איבער די ברעמען, וואָס האָבן אויסגעזען ווי צוויי בעזעמס איבער די אויגן.

מיט אַ גראָשן האָט ער זיך נישט געלאָזט אָפּשפּײַזן. זײַן טאַקסע איז געווען אַ צווייער. געקעכטס האָט ער אויך אויף קיין פֿאַל נישט געוואָלט נעמען.

"What am I, a beggar?" he would bristle. "I too know what honor is; I'm a householder in my own right." Then Potki would sit himself down in the kitchen and wait, even for two hours. Come hell or high water, he wouldn't leave until he received the two groschen. The householders knew well his stubbornness.

One time Libele Mutz was insistent that he would not give him the two groschen. "What kind of impudence is this?" he started shouting. "You'll dictate to me how much I should give you? If I feel like it, I won't even give you one groschen. Go, denounce me to the rabbi!"

This was right before Shabbes, and Libele Mutz was at that moment very agitated. Rivele, his wife, had run short of money for brandy. Hadn't she sucked him dry enough, like a leech? She stood before him: "Libele! Another złoty, I beg you. One more złoty, let it be an atonement!"

In the heat of his fury he struck the table and window, causing the panes to rattle. Meanwhile, Rivele was blowing into the oven with every ounce of air in her lungs. The cholent stood ready; all that was needed was for the wood to catch and the oven to heat.

Potki was not at all intimidated. He sat down in the middle of the kitchen, stretched his legs out their entire length, and said not a word. On occasion, he would yawn.

Libele Mutz ran around like one possessed. "Even if you burst, I won't give you two groschen," he yelled. "The alms money isn't enough for you? What am I, a Rothschild, or what? Damn it!"

"Put an end to it already," Rivele pleaded. "Everyone knows he's a stubborn one, and it's almost time to light Shabbes candles."

"Even if you stand on your head along with him, he still won't get his way," Libele said angrily. "Let him sit there; the hell with him."

Potki continued sitting there as if none of these goings-on had anything to do with him, although his brows were drawn up and knitted together. With complete tranquility, he poured out the contents of his pocket in his lap and began counting his fortune.

"You want a groschen?" said Libele Mutz, beginning nevertheless to negotiate with him. "Here it is! Let me be rid of you."

– וואָס בין איך, אַ שלעפּער? – האָט ער זיך געוואָרפֿן – איך ווייס אויך וואָס כּבֿוד איז, איך בין פֿאַר מיר אַליין אַ בעל־הבית. – און פּאָטקי האָט זיך געקענט אַנידערזעצן אין קיך און וואַרטן אַפֿילו צוויי שעה; עס זאָל דונערן און בליצן, וועט ער נישט אַוועקגיין ביז ער האָט דעם צווייער נישט באַקומען. די בעלי־בתּים האָבן שוין געקענט זײַן עקשנות.

איין מאָל האָט זיך ליב׳לע מוטץ אײַנגעשפּאַרט, ער וועט אים דעם צווייער נישט געבן. – וואָס איז עס פֿאַר עזות־פּנים – האָט ער זיך פֿונאַנדערגעשריִען – דו וועסט מיר טײַטשן וויפֿל איך זאָל דיר געבן? עס וועט מיך גלוסטן, גיב איך דיר אַפֿילו נישט קיין גראָשן. גיי, מסר מיך פֿאַרן רבֿ!

ליב׳לע מוטץ איז דעם פֿאַר שבת אַקוראַט געווען שטאַרק צעקאָכט; רבֿה׳לען, זײַן ווײַב, האָט נאָך פֿאַרפֿעלט אויף בראָנפֿן. ווייניק האָט זי אים אָנגעצאַפּט, ווי אַ פּיאַווקע, האָט זי זיך צו אים צוגעשטעלט: – ליב׳לע! נאָך אַ גילדן, איך בעט דיך, נאָך אַ גילדן, אַ שיינע, ריינע כּפּרה!

פֿון גרויס כּעס און אימפּעט האָט ער געקלאַפּט אין טיש און פֿענצטער, אַז די שויבן האָבן געקלונגען. רבֿה׳לע האָט דערוויַיל געבלאָזן אין אויוון אַרײַן מיטן גאַנצן כּוח פֿון איר האַרץ און לונגען. דער טשאָלנט איז שוין געשטאַנען אָנגעגרייט, עס זאָל זיך נאָר פֿונאַנדערברענען אין אויוון.

פּאָטקי האָט זיך גאָר נישט דערשראָקן. ער האָט זיך אַנידערגעזעצט אין מיטן קיך, די פֿיס האָט ער אויסגעצויגן אין דער גאַנצער לענג, און האָט נישט גערעדט קיין וואָרט; עטלעכע מאָל האָט ער געגעבן אַ גענעץ.

ליב׳לע מוטץ איז אַרומגעלאָפֿן אַזוי ווי אַ באַזעסענער.

– זאָלסט אַפֿילו פּלאַצן, וועל איך דיר נישט געבן קיין צווייער – האָט ער געשריִען. – דאָס פּושקעגעלט איז דיר ווייניק? וואָס בין איך אַ קורח, אָדער וואָס, צו אַלע שוואַרץ יאָר?

– מאַך שוין אַן עק – האָט געבעטן רבֿה׳לע. – ער איז דאָך אַן עקשן, מען דאַרף שוין באַלד ליכט בענטשן.

– זאָלסט דיך אַפֿילו שטעלן אויפֿן קאָפּ מיט אים צוזאַמען, וועט ער אויך נישט אויספֿירן – האָט ער געזאָגט מיט כּעס. – לאָז ער זיצן, אַ כּפּרה איז ער.

פּאָטקי איז זיך געזעסן אַזוי ווי עס וואָלט אים גאָר נישט אָנגעגאַנגען. זײַנע ברעמען נאָר האָבן זיך געהויבן און צוזאַמענגעצויגן. גאַנץ רויִק האָט ער אויסגעשאָטן אויפֿן שויס די קעשענע און האָט אָנגעהויבן די פּותיקי צו ציילן.

– אַ גראָשן ווילסטו? – האָט ליב׳לע מוטץ שוין אָנגעהויבן פֿון דעסטוועגן צו פֿאַרלאַמענטירן. – נאַ! לאָמיך פֿון דיר שוין פּטור ווערן.

Potki turned his eyes on him and didn't move from his spot. The maid scowled and shrieked that because of Potki she would be desecrating the Sabbath, and kept looking out the window to see whether anyone had lit candles yet. Rivele was anxious to seal the oven; Libele too had begun to hurry.

"Here is the groschen, damn you!" he said, throwing it at Potki.

Potki flung the groschen back. He rose from his place and stood there for some minutes, his brows drawn together and his eyes turning like two wheels as he looked around him. He then went calmly over to the table, took a challah, stuck it in his inside coat pocket, and with two, three steps, went out of the kitchen.

"Have a pleasant Shabbes!" he bid them farewell from outdoors.

Rivele gave a shriek, as if her heart had been torn out. The maid stood as pale as the wall with wide-open eyes, and Libele Mutz sprung out the door, his two arms stretched out long before him.

Potki was already in the middle of the street.

For a long time thereafter, Potki carried his outrage around with him and took his revenge on Libele Mutz whenever he could. On Shabbes he no longer brought him a tallis for prayers or a holiday prayer book, or even the lamp in synagogue when Libele Mutz had to light a yahrzeit candle. Potki no longer wanted to be his envoy, and even when calling people to shul in the morning he wouldn't rap on his window. Libele Mutz was now late to synagogue many times, and one time even arrived after the Torah had been read.

Potki was relentless in his anger and would not allow himself to be reconciled. Rivele had many a time wanted to make peace, because now she could not recite a woman's pleading as she was no longer brought even a page of the woman's prayer book to read – Potki was as obstinate as if nails had been driven into his head.

פּאַטקי האָט געגעבן אַ גלאָץ מיט די אויגן און האָט זיך נישט גערירט פֿון אָרט, די דינסט האָט זיך געקרימט און געשריִען אַז זי וועט דורך פּאַטקין מחלל־שבת זײַן, און האָט אַלץ געקוקט דורכן פֿענצטער, אויב מען זעט נאָך נישט ליכט אָנצינדן. רבֿה׳לע האָט שוין געוואָלט פֿאַרחתמענען דעם אויוון. ליב׳לע האָט זיך שוין אויך אָנגעהויבן צו יאָגן.

– אָט האָסטו דעם גראָשן, און גיי אין דר׳ערד! – האָט ער אים געגעבן אַ וואָרף.

פּאַטקי האָט געגעבן אַ שלײַדער צוריק דעם גראָשן. ער האָט זיך אויפֿגעהויבן פֿון זײַן אָרט, אַ ווײַלע איז ער געשטאַנען מיט צוזאַמענגעצויגענע ברעמען און די אויגן האָבן זיך אים געדרייט ווי צוויי רעדלעך. באַלד אָבער איז ער געלאָסן צוגעגאַנגען צום טיש, זיך גענומען אַ קוילעטש, אַרײַנגעשטעקט אין בוזעם, און מיט צוויי, דרײַ שפּרײַז אַרויסגעגאַנגען פֿון קיך.

– האָט מיר אַ פֿריילעכן שבת! – האָט ער זיך נאָך פֿון דרויסן געזעגנט.

רבֿה׳לע האָט אַ געשריי געטאָן, אַזוי ווי מען וואָלט איר דאָס האַרץ אַרויסגעריסן; דאָס מיידל איז געבליבן שטיין בלייך ווי די וואַנט, מיט אויסגעגלאָצטע אויגן, און ליב׳לע מוטץ איז אַרויסגעשפּרונגען פֿון טיר מיט אַ פּאָר לאַנגע אויסגעצויגענע הענט.

פּאַטקי איז שוין געווען אין מיטן גאַס.

אַ לאַנגע צײַט נאָך דעם איז פּאַטקי אַרומגעגאַנגען ברוגז און האָט זיך אָן ליב׳לע מוטץ נוקם געווען, ווו ער האָט נאָר געקענט. שבת האָט ער אים אויפֿגעהערט צוטראָגן דעם טלית צום דאַוונען, אָדער אַ מחזור, אָדער גאָר אַ לעמפּל אין שול, ווען ער האָט געדאַרפֿט יאָרצײַט אָנצינדן. פּאַטקי האָט זײַן שליח נישט געוואָלט זײַן, אַפֿילו בײַם רופֿן אין שול האָט ער אויך אין זײַן פֿענצטער נישט אָנגעקלאַפּט; ליב׳לע מוטץ פֿלעגט זיך וויפֿל מאָל פֿאַרשפּעטיקן – איין מאָל איז ער גאָר געקומען בײַם דאַוונען צו יקום־פּורקן.

פּאַטקי איז געווען פֿאַרביסן אין זײַן כּעס און זיך נישט געלאָזט איבערבעטן. רבֿה׳לע האָט וויפֿל מאָל געוואָלט מאַכן שלום ווײַל איר איז אויך קיין מאָל נישט אויסגעקומען אַ שטיקל תּחינה צו לייענען – פּאַטקי איז געווען אַן עקשן אַזוי ווי מען וואָלט אים טשוועקעס אַרײַנגעהאַקט אין קאָפּ.

Nevertheless, one day, not on a Friday, Potki did indeed suddenly go into Libele's house. On a bitterly cold day, Tsipki was sitting in front of Libele's door with her pot of peas. Her teeth were chattering and she shook from the cold like one with a fever. Potki took the brazier pot in which the fire had gone out and went into the kitchen. Although Libele scowled, Rivele herself took the tongs and swept out the best coals for him, and even poured Tsipki a bit of hot potato grits that were left over from breakfast – and Potki was once again on good terms with them.

*   *   *

Of all the householders in town, the greatest was Reb Isaac "Kishveidl" ["Kiss-ass"]. He considered himself to be a person of privilege, and went about every day in shined boots and a silk hat. His wife, Reitski, came from a very distinguished family and could speak three languages; whenever she spoke, people would stand on their tiptoes to listen. Indeed, Reitski could speak even with a king, and the town police commissioner would just die for the fish and the cookies with which Reitski would honor him every Shabbes. Were it not for Reitski's charm and Reitski's good fortune, Reb Isaac would certainly have long ago ceased to be Reb Isaac.

He had, moreover, prospered from Reitski's charm and from Reitski's good luck – just like beneficent angels, they had stood by him in that dark hour during which the whole town had trembled and quivered, believing: "Finished, no more Isaac!" Yet Isaac had come out of prison as good as new, both in body and in mind. From the entire story, from the entire trial, he was left only with the nickname: "Isaac Kishveidel."

In Reb Isaac's house it was like a paradise. Every aspect was pleasing, and a person could see their reflection in every detail. Everything had been placed and laid with a special charm. Reitski had good taste; she understood how things were done among respectable people, and she thought only of how to make things elegant and proper. Even the maidservant she kept was also a respectable girl, and it was a compliment to Reitski that people in town would say: "Reitski always has beautiful maids."

איין מאָל פֿון דעסטוועגן, נישט אין אַ פֿרײַטיק, איז ער מיט אַ מאָל אַרײַנגעגאַנגען בײַ ליבלען; דאָס איז געווען אין אַ גרויסן ברענענדיקן פֿראָסט. ציפּקי איז געזעסן פֿארן טיר, בײַ די אַרבעס; איר האָט געקלאַפּט אַ צאָן אָן אַ צאָן, עס האָט זי געשלײַדערט ווי אין קדחת. פּאָטקי האָט גענומען דעם אויסגעלאָשענעם פֿײַער־טאָפּ און איז אַרײַנגעגאַנגען אין קיך. ליב׳לע האָט זיך אַפֿילו אָנגעכמורעט, רבֿה׳לע אָבער האָט אים מיט דער צוואַנג אַליין אַרויסגעשאַרט די בעסטע קוילן און נאָך אָנגעגאָסן פֿאַר ציפּקין אַ ביסל הייסע קאַרטאָפֿל־גריץ וואָס איז איבערגעבליבן פֿון אָנבײַסן – און פּאָטקי איז ווידער געוואָרן גוט־פֿרײַנד.

* * *

פֿון אַלע בעלי־בתּים אין שטעטל איז ר׳ אײַזיק קישווײדל געווען דער גרעסטער; ער האָט זיך געהאַלטן פֿאַר אַ יחסן און איז אַלע טאָג געגאַנגען אין געפּוצטע שטיוול און אין אַ זײַדענער היטל. זײַן ווײַב, רייצקי, איז אַרויסגעקומען פֿון גאָר שיינע לײַט און האָט געקענט רעדן אויף דרײַ לשונות. אַז זי פֿלעגט רעדן, פֿלעגט מען זיך אויף די שפּיץ פֿינגער שטעלן הערנדיק. רייצקי האָט טאַקע געקענט מיטן קייסער רעדן, און דער קאָמיסאַר פֿון שטעטל פֿלעגט גאָר אויסגיין פֿאַר די פֿיש און די קיכעלעך מיט וועלכע רייצקי האָט אים אַלע שבת מכבד געווען. ווען נישט רייצקיס חן און רייצקיס מזל, וואָלט ר׳ אײַזיק שוין אַוודאי לאַנג אויפֿגעהערט ר׳ אײַזיק צו זײַן. רייצקיס חן אָבער און רייצקיס מזל זענען אים מצליח געווען, און אַזוי ווי גוטע מלאָכים האָבן זיי אים בײַגעשטאַנען אין יענער בייזער שעה אין וועלכער דאָס גאַנצע שטעטל האָט געציטערט און האָט געפּלאַטערט און האָט געמיינט: שוין, אויס אײַזיק! אײַזיק אָבער איז אַרויס פֿון דער תּפֿיסה געזונט און פֿריש, מיט געזונטע ביינער; פֿון דער גאַנצער מעשׂה, פֿון דעם גאַנצן מישפּט איז אים נאָר געבליבן דער צונאָמען: אײַזיק קישווײדל.

בײַ ר׳ אײַזיקן אין שטוב איז געווען ווי אין אַ גן־עדן. עס האָט געשמעקט אין יעדער ווינקל, מען האָט זיך געקענט שפּיגלען אין יעדער פּיצל, אַלץ איז געווען געשטעלט און געלייגט מיט אַ באַזונדערן חן. רייצקי האָט געהאַט געשמאַק, זי האָט געוווּסט ווי בײַ לײַטן פֿירט זיך, און זי האָט נאָר געטראַכט ווי צו מאַכן שיין און לײַטיש. אַ דינסט אַפֿילו האָט זי אויך תּמיד געהאַלטן אַ בעל־הבתּישע, און עס איז בײַ איר געווען אַ כּבֿוד אַז אין שטעטל פֿלעגט מען זאָגן: רייצקי האָט אייביק שיינע מאַדן.

Freidel was herself one of the prettiest girls in town, and an expert housekeeper. Someone like her was hard to find, and for an entire season Reitski hadn't ceased to surreptitiously send brokers to her. Freidel had already served the gabbai's wife Shprintse for several seasons and was then earning five ducats. Reitski promised her six along with gifts, and for Reitski this was still a bargain – Freidel was no gadabout, was neither a thief nor impudent, and she could darn a sock and patch a shirt.

Potki had glowered at the brokers and cursed: "May she break her legs!" He didn't care a whit for Reitski the wanton aristocrat, and Reb Isaac with his haughty manners was a thorn in Potki's side.

"A distinguished pedigree!" Potki scoffed many times. "To the grave with his pedigree! Never mind; after he's dead, he too will be standing in front of a hot oven baking bagels."

Reb Isaac would always send out the servant girl to give Potki the two groschen; he himself would never hand it to Potki. This aroused Potki's wrath to the limit: "That crooked nobleman! I suppose if he did, the crown would fall right off his head!" – and many times just to spite him, Potki would go straight into his office.

* * *

Freidel was bustling about the kitchen. She was highly pleased with her position; until now she'd worked for housewives in lace caps and ribbons. Reitski was a different sort of mistress: Freidel must call her "Madam" – thus Reitski demanded. This was a different language for Freidel: this was German, and Freidel would ask her ten times a minute, "What did Madam say?"

Reitski too was in seventh heaven. She had not had such a servant girl for a long time. "Let it last for many years," she said to her husband. "A new broom sweeps well, may no evil eye deprive us of her."

Freidel worked quickly in the kitchen as if everything she touched was red-hot. Nearly all had been prepared for Shabbes: the challah looked as if it had been baked in the sun, the fish and roasted meats could be served before the emperor, and the copper was beautiful, shined to pure gold.

פֿריידל איז טאַקע געווען איינע פֿון די שענסטע און אַ בריה,ווײַט צו זוכן; רייצקי האָט אַ גאַנצן זמן נישט אויפֿגעהערט אונטערצושיקן די מעקלערס. פֿריידל האָט שוין געדינט עטלעכע זמן בײַ דער גבאיטע שפּרינצע און האָט באַקומען פֿינף רענדלעך; רייצקי האָט צוגעזאָגט זעקס מיט מתּנות, און עס איז נאָך אַלץ געווען אַ מציאה: פֿריידל איז נישט געווען קיין אַרומלויפֿערין, נישט קיין גנבֿ, נישט קיין עזות־פּנים, און זי האָט געקענט אַ זאַק אונטערשטריקן און אַ העמד פֿאַרלאַטען.

פּאָטקי האָט זיך געקרימט און האָט געשאָלטן די מעקלערס: – די פּיס זאָל זי צעברעכן! – רייצקי, די פֿאַרשײַטע פּריצה, איז אים גאָר נישט געווען צום האַרצן, און ר׳ אײַזיק מיט זײַנע אַריסטאָקראַטישע מאַנירן איז אים געווען אַ שטעכעניש אין די אויגן.

– יחסן! – האָט זיך פּאָטקי וויפֿל מאָל געוואָרפֿן: – ייִחוס נאַ קבֿרות! נישקשה, נאָכן טויט וועט ער אויך בייגל באַקן.

ר׳ אײַזיק פֿלעגט פּאָטקין דעם צווייער אַרויסשיקן מיט דער דינסט, קיין מאָל נישט דערלאַנגען אַליין. און דאָס האָט פּאָטקין געגרימט ביז אין טויט. – דער טרייפֿענער פּריץ! די קרוין וואָלט אים גאָר אַראָפּגעפֿאַלן פֿון קאָפּ – און וויפֿל מאָל פֿלעגט פּאָטקי גאָר אויף צו להכעיס אַרײַנגיין צו אים אין קאַבינעט.

* * *

פֿריידל האָט זיך געפּאָרעט אין קיך. מיט דער שטעל איז זי געווען העכסט צופֿרידן. ביז איצט האָט זי געהאַט בעל־הביתטעס אין הויבן און אין האָרבאַנדן. רייצקי איז געווען אַן אַנדער אַרט בעל־הביתטע; זי האָט זי גערופֿן „מאַדאַם" – אַזוי האָט רייצקי פֿאַרלאַנגט. דאָס איז שוין געווען אַן אַנדער לשון, דאָס איז געווען דײַטש, און פֿריידל האָט צען מאָל אַ מינוט געפֿרעגט: – וואָס זאָגט די מאַדאַם?

רייצקי איז אויך געווען אין זיבעטן הימל, אַזאַ דינסט האָט זי שוין לאַנג נישט געהאַט. – עס זאָל נאָר זײַן אויף לאַנגע יאָר, – האָט זי געזאָגט צום מאַן. – אַ נײַער בעזעם קערט גוט, מען זאָל נאָר נישט קיין עין־הרע געבן.

פֿריידל האָט זיך געפּאָרעט אין קיך, עס האָט איר אַלץ געברענט אונטער די הענט. דער גאַנצער שבת איז שוין כּמעט געווען פֿאַרטיק; די חלות, אַזוי ווי אין דער זון געבאַקן, די פּיש און די געבראָטנס וואָלט מען געקענט דעם קייסער דערלאַנגען, און דאָס קופּער שיין און ריין געפּוצט, אַזוי ווי גאָלד.

"Now you may go wash up, Freidel! Neat and pretty," Reitski instructed her. "You mustn't be slovenly like the girls from the poorhouse. You just become a decent person, and things will go well for you."

And like a duchess in her new Shabbes dress and long diamond earrings, Reitski went into the dining room to lay out the tablecloth and set out the large, silver candlesticks that the commissioner always called "Shabbes candelabras."

"Yes, Madam!"

Freidel's gaze followed Reitski, abashed. A real aristocrat! Freidel sat down on the bench. "Like the girls from the poorhouse!" She felt a pang in her heart, and the blood rushed to her face as if she'd been slapped. It was so ugly to hear of the poorhouse; may it burn down to the ground.

She looked around, checking every corner. Everything had been made ready and looked even more beautiful than the sleep-chamber of the gabbai's wife. On the wall hung a mirror and on the window, curtains. By the door lay a doormat – a genuine parlor.

"You just be a decent person, and things will go well for you."

Freidel's heart leapt and sang. This new life attracted her with a special force, and she felt somehow taller and larger, just like she'd stepped out of a dark hole into the open, sunlit air.

"Oh maiden, oh maiden, be it late or be it early,
Have you any clothing, have you any laundry?"

Singing, she braided her hair and stepped before the mirror.

"Well, child! How are you?"

Potki was standing by the fireplace, warming his half-frozen hands over the fire. Covered from head to toe with snow, he looked as if he were wearing a white sheet. The water streamed from him as if from a gutter. He was shivering from cold.

"So child, how are you?"

– אַצינדערט מעגסטו דיך אַרומוואַשן, פֿריידל! ריין און שיין – האָט רייצקי זי געלערנט. – זאָלסט נאָר נישט זײַן קיין פֿליאָנדרע, נישט ווי די מיידן פֿון הקדש, דו ווער נאָר אַ מענטש, וועט דיר ווויל זײַן.

און ווי אַ פּריצה אין דער נײַער שבתדיקער קלייד און אין די לאַנגע דימענטענע אויערריגנעגן איז זי אַרײַנגעגאַנגען אין שטוב דעקן דעם טיש און אַוועקשטעלן די גרויסע, זילבערנע לײַכטערס, וואָס דער קאָמיסאַר האָט זיי אַלץ גערופֿן „שאַבאַשניקי”.

– יאָ, מאַדאַם!

פֿריידל האָט איר פֿאַרלעגן נאָכגעקוקט: אַן אמתדיקע פּריצה! זי האָט זיך אַנידערגעזעצט אויפֿן באַנק. „ווי די מיידן פֿון הקדש”! עס האָט איר געטאָן עפּעס אַ קלאַפּ אין האַרצן, און דאָס בלוט איז איר צוגעקומען צום פּנים, אַזוי ווי פֿון אַ פּאַטש. פֿון הקדש איז אַזוי מיאוס צו הערן, ער וואָלט געמעגט אין גאַנצן פֿאַרברענט ווערן.

זי האָט זיך אומגעקוקט אין אַלע ווינקלען. עס איז שוין אַלץ געווען פֿאַרטיק און האָט אויסגעזען שענער ווי בײַ דער גבאיטע דאָס שלאָף־חדר. אויף דער וואַנט האָט געהאָנגען אַ שפּיגל און פֿאַרן פֿענצטער פֿאָרהאַנגען. בײַ דער טיר איז געלעגן אַ סלאָמיאַנקע – אַן אמתדיקע סאַלע.

„דו זײַ נאָר אַ מענטש, וועט דיר ווויל זײַן.”

פֿריידלס האַרץ האָט געשפּרונגען און געזונגען. דאָס נײַע לעבן האָט זי געצויגן מיט אַ באַזונדערער קראַפֿט, זי האָט זיך געפֿילט עפּעס העכער און גרעסער, גלײַך ווי זי וואָלט אַרויס פֿון אַ פֿינצטערער לאָך אין דער פֿרײַער זוניקער לופֿט.

– מיידל! מיידל! צי פֿרי, צי שפּעט,
צי האָסטו קליידער, צי האָסטו גרעט?

זינגענדיק האָט זי אויפֿגעפֿלאָכטן די האָר און זיך אַנידערגעשטעלט פֿאַרן שפּיגל.

– נו, קינד! וואָס מאַכסטו?

פּאָטקי איז שוין געשטאַנען לעבן קוימען און האָט געוואַרעמט די האַלב־געפֿראָרענע הענט איבערן פֿײַער. פֿון קאָפּ ביז די פֿיס איז ער געווען ווײַס באַדעקט מיט שניי, ווי מיט אַ לײַלעך. דאָס וואַסער האָט זיך פֿון אים געגאָסן, ווי פֿון אַ רינווע. ער האָט זיך געטרייסלט פֿון קעלט.

– נו, קינד, וואָס מאַכסטו?

Freidel turned around and frightened, her eyes shot to his boots, caked with snow and mud. The beautiful clean floor now looked as if it was covered with a layer of clay. She clapped her hands to her head.

"Papa!" She burst out angrily. "Go outside; Madam will start yelling. You've made a pigsty for me. Get out!"

He looked at her very intensely. His thin, dark hand lightly touched her braided hair.

"The hell with her floor!" he said, smiling to himself. "Such terrible cold outside."

"Go outside," she said, giving him a push. "Don't make difficulties for me. Madam will tear into me."

"Again with Madam, Madam. That's a fine kettle of fish."

"Go already, I'm begging you."

"Wait then, just until I get the two groschen."

She felt a sharp pain, as if jabbed with a pin. Silently, her lips pressed together, she looked at her father: his boots torn, his long coat full of holes and patches. A feeling of shame and disgrace once again brought the blood rushing to her face as if from a slap, from ten slaps. Anxiously, she looked around her on all sides.

"Papa!"

"Ha! Potki."

Reb Isaac opened the door of his office and stood in the doorway. "The two groschen, yes!"

His purse lay inside his office on the table. Reb Isaac went back into his office.

"Freidel!" he called her from there. "Here! Give your father the two groschen."

Freidel turned flame-red. The room before her began to spin and sway, and she had to hold onto the door so she wouldn't tumble to the floor. The two- groschen coin burned her fingers as if it was a piece of red-hot iron. She stepped back through the doorway with her head hanging and downcast eyes, and hastily threw the coin onto the bench. She did not even look at her father.

פֿריידל האָט זיך געגעבן אַ דריי און דערשראָקן געוואָרפֿן אַ בליק אויף זײַנע שטיוול; זיי זענען געווען אין שניי און אין בלאָטע, און די שיינע ריינע פּאָדלאָגע האָט אויסגעזען, ווי מען וואָלט זי מיט ליים באַצויגן. זי האָט זיך אָנגעכאַפּט פֿאַרן קאָפּ.

– טאַטע! – האָט זי זיך געגעבן אַ בייזער – גיי אַרויס, די מאַדאַם וועט שרײַען, דו האָסט מיר אָנגעמאַכט אַ חזיר־שטאַל, גיי אַרויס!

ער האָט זי אָנגעקוקט טיף, טיף. די דאַרע שוואַרצע האַנט האָט אָנגערירט אירע אויסגעפּלאָכטענע האָר.

– אַ כּפּרה די פּאָדלאָגע! – האָט ער זיך געגעבן אַ שמייכל – אַזאַ הינטישע קעלט.

– גיי אַרויס – האָט זי אים געשטופּט – מאַך מיר נישט קיין עגמת־נפֿש, די מאַדאַם וועט זיך בייזערן.

– ווידער מאַדאַם, מאַדאַם. אַ טײַערע מעשׂה.

– גיי שוין, איך בעט דיך.

– נו, וואַרט, איך באַקום נאָר דעם צווייער.

עס האָט זי געגעבן אַ שטאָך ווי מיט אַ שפּילקע, און שווײַגנדיק, מיט פֿאַרביסענע ליפּן, האָט זי אָנגעקוקט דעם פֿאָטער. די שטיוול צעריסן, די קאַפּאָטע אין לעכער און אין לאַטעס. אַ געפֿיל פֿון בושה און חרפּה האָט ווידער געיאָגט דאָס בלוט אין פּנים אַרײַן אַזוי ווי פֿון אַ פּאַטש, פֿון צען פּעטש. אומרויִק האָט זי זיך אומגעקוקט אין אַלע זײַטן.

– טאַטע!

– האַ! פּאַטקי.

ר׳ אײַזיק האָט אויפֿגעעפֿנט די טיר פֿון זײַן קאַבינעט און איז געבליבן שטיין אויפֿן שוועל. – דער צווייער, יאָ!

דאָס בײַטעלע איז געבליבן דרינען אויפֿן טיש. ר׳ אײַזיק איז ווידער אַרײַנגעגאַנגען אין קאַבינעט.

– פֿריידל! – האָט ער זי פֿון דאָרט גערופֿן – נאַ! גיב דעם טאַטן דעם צווייער.

זי איז געוואָרן רויט, ווי פֿײַער, און פֿאַר די אויגן האָט זיך איר אָנגעהויבן צו דרייען און צו מישן, אַז זי האָט זיך געמוזט אָנהאַלטן אָן טיר, אום נישט אומצופֿאַלן. דער צווייער האָט איר געברענט די פֿינגער אַזוי ווי עס וואָלט געווען גלִיענדיק אײַזן, און מיט אַן אַראָפּגעלאָזענעם קאָפּ און אַראָפּגעלאָזענע אויגן האָט זי איבערגעשפּרייזט די שוועל. האַסטיק האָט זי דעם צווייער אַ וואָרף געגעבן אויפֿן באַנק; זי האָט אַפֿילו דעם פֿאָטער נישט אָנגעקוקט.

"A good Shabbes to you, Freidel!" Potki told her as he left. "Come and visit tomorrow for the third Shabbes meal. Come! Come, Freidel!"

Freidel fastened the chain on the door as if she were afraid that he would come back. On the floor lay the footprints from his boots. She quickly wiped them off, as if every smudge was a knife in her eyes. Her blood was boiling and there was some sort of pain, a spasm of anguish, which pressed against her chest like a stone. The curtains, the mirror, the doormat all disappeared. Once again she was in that dark deep hole with the mangled walls, with the shattered windows, with the filthy holes and clay floor.

*   *   *

Tsipki sat pensively in front of Libele Mutz's stoop with her pot of cooked peas, gazing into the empty air. Her small, weary eyes were half-closed and her brow was furrowed. She felt a strong pressure in her chest, as if she had not eaten a meal for several days.

Should she bring the apples to Freidel, or not?

Tsipki rubbed her eyes, eyes that for some time had now pricked her like pins. Each day her eyes were becoming redder and weaker; so weak that many times she had already mistakenly given out a three-kopeck coin instead of a two, or instead of a four-kopeck, an entire six.

"A groschen of peas!"

Tsipki gave a start and opening her eyes wide, measured out a groschen's worth of peas, took the groschen, and sat once more staring before her into the cold, gray air.

Go in there and see Freidel, or not?

She has already been carrying around the apples for an entire week, since that Saturday; Freidel hasn't come to visit...working hard, overworked...no evil eye, Reitski is a housekeeper in the grand style, may no one begrudge me good things. Copper and brass on all the walls, brass hoops even, and the big holiday kettle...for an entire year to be sure, it stays in the attic where festival things are kept.

Freidel is angry when she comes to visit, why?...She's simply a foolish child...the apples are such sweet ones and so nicely baked, like those for a woman in her time of giving birth, may it give Freidel health and long life.

– אַ גוטן שבת, פֿריידעל! – האָט ער זיך פֿון איר געזעגנט – קום צו גיין שבת צו שלש־סעודות; קום, קום, פֿריידעל!

זי האָט פֿאַרקייטלט די טיר, אַזוי ווי זי וואָלט מורא געהאַט אַז ער וועט צוריקקומען. אויף דער פּאָדלאָגע זענען געווען די טריט פֿון זײַנע שטיוול. האַסטיק האָט זי זיי אָפּגעווישט, אַזוי ווי יעדער פֿלעק וואָלט איר געגעבן אַ שטאָך אין די אויגן. דאָס בלוט האָט אין איר געקאָכט, און עפּעס אַ ווייטיק, אַ קלעמעניש האָבן איר צוגעדריקט די ברוסט אַזוי ווי מיט אַ שטיין; די פֿאָרהאַנגען, דער שפּיגל, די סלאָמיאַנקע זענען פֿאַרשווונדן. ווידער איז עס געווען דאָס פֿינצטערע, טיפֿע לאָך, מיט די אָפּגעריסענע ווענט, מיט די אויסגעבראָכענע פֿענצטער, מיט די שמוציקע לעכער, און דער ליימענער פּאָדלאָגע.

* * *

ציפּקי איז געזעסן מיט די געקאָכטע אַרבעס פֿאַר ליב׳לע מוטק׳ס בריקל, און פֿאַרטראַכט האָט זי געקוקט פֿאַר זיך אין דער לופֿט אַרײַן. אירע מידע אייגעלעך זענען געווען האַלב־געשלאָסן און דער שטערן פֿאַרקנייטשט. עס קלעמט איר אַזוי שטאַרק בײַם האַרצן, גלײַך ווי זי וואָלט עטלעכע טעג נישט אָפּגעביסן.

אַהינטראָגן פֿריידלען די עפּעלעך, אָדער נישט?

ציפּקי האָט זיך געריבן די אויגן; די אויגן האָבן איר עטלעכע צײַט געשטאָכן ווי שפּילקעס. די אויגן ווערן איר יעדן טאָג רויטער און שוואַכער, אַזוי שוואַך, אַז וויפֿל מאָל האָט זי זיך שוין טועה געווען: פֿאַר אַ צווייער אַרויסגעגעבן אַ דרײַער, אָדער פֿאַר אַ פֿירער גאָר אַ זעקסער.

– אַ גראָשן אַרבעס! – און ציפּקי גיט זיך אַ כאַפּ, רײַסט אויף די אייגעלעך, מעסט אָפּ דאָס גראָשנדיקע מעסטל, נעמט צו דעם גראָשן, און זיצט און גלאָצט ווידער פֿאַר זיך אין דער גרויער, קאַלטער לופֿט.

אַרײַנגיין צו פֿריידלען אָדער נישט?

די עפּעלעך טראָגט זי שוין אַרום אַ גאַנצע וואָך, פֿון יענעם שבת אָן, פֿריידל קומט נישט צו גיין... פֿאַרהאָרעוועט, פֿאַרהאָרעוועט... קיין עין־הרע רייצקי איז אַ בעל־הביתטע, ווער מיר ווויל גינט. קופּער און מעש אויף אַלע ווענט, מעשענע רייפֿן אַפֿילו, און דער גרויסער יום־טובֿ־דיקער קעסל... אַ גאַנץ יאָר שטייט ער אַפֿילו אויפֿן יום־טובֿדיקן בוידעם.

פֿריידל איז בייז אַז זי קומט אַרײַן, פֿאַר וואָס?... גלאַט אַ נאַריש קינד... די עפּעלעך אַזוינע זיסינקע און שיין געבאַקן, ווי פֿאַר אַ קימפּעטאָרין, זאָל איר זײַן צו געזונט און צו לעבן.

Tsipki got up. The cold burned like a flame, like a great cholent-oven... at Reb Isaac's they didn't prepare any cholent at all, cold cooked foods instead, an odd sort of Shabbes.

She only hoped that, God forbid, she wouldn't run into Reb Isaac in front of the house. Something about him always made her tremble as if before the commissar; she even shivered a bit from fear when sitting down close to his stoop... he had driven her off several times before... his boots snapping as if stepping on nuts, no evil eye, a man of authority... Libele Mutz too, had already railed at her many times, "On my doorstep then, the street is too small?

"Is your stoop somehow getting smaller? Am I biting off a piece of it?" – With him, it was possible to talk.

Quietly she opened the door and looked into the kitchen, her heart pounding from anxiety and anticipation. She entered hastily, her eyes brightening and her lips laughing.

Freidel sat on the ground, plucking a large, plump goose. The kitchen was filled with the scent of stews and roasted meats. Tsipki stood still, as if she were drunk.

"Just like at a wedding, Freidel! No evil eye."

"What do you want, Tsipki?"

Frightened, Tsipki turned around.

Reitski stood with the cooking spoon before the fire, scooping out fat brown goose cracklings into a deep bowl, the oil dripping from all sides.

"Surely holiday schmaltz?" Tsipki inched closer. "May it be for a blessing."

"Why did you come, Mama?" Freidel's voice was angry and displeased.

"I implore you, Tsipki," Reitski said irately, "I cannot bear to have someone come in while I'm rendering schmaltz; it's not good luck. You'll come again another time."

"I would like to ask for the innards," Tsipki said in confusion, barely pronouncing the words.

"I've already promised the entrails to the dairy woman. Here, take the feet."

ציפּקי האָט זיך אויפֿגעהויבן. דער פֿראָסט ברענט אַזוי ווי פֿײַער, ווי אַ גרויסער טשאָלנט־אויוון... בײַ ר׳ אײַזיקן שטעלט מען גאָר קיין טשאָלנט נישט, קאַלטע געקעכטס, עפּעס אַן אויסטערלישער שבת.

זי זאָל נאָר חלילה ר׳ אײַזיקן נישט אָנטרעפֿן פֿאַרן שטוב, עפּעס פֿאַר אים ציטערט זי ווי פֿאַרן קאָמיסאַר, זי ציטערט זיך אַפֿילו אַנידערצוזעצן נאָענט לעבן זײַן בריקל... ער האָט זי שוין עטלעכע מאָל אָפּגעטריבן... די שטיוול קנאַקן אים אַזוי ווי די ניס, קיין עין־הרע, אַ בעל־דעה... ליב׳לע מוטץ האָט זיך שוין אויך וויפֿל מאָל געוואָרפֿן: - נאָר מײַן בריקל, די גאַס איז צו קליין?

- עס קומט אײַך עפּעס אָפּ פֿון בריקל, איך בײַס אײַך אָפּ אַ שטיקל? - מיט אים עפּעס לאָזט זיך שמועסן.

שטילערהייט האָט זי געעפֿנט די טיר און אַרײַנגעקוקט אין קיך, דאָס האַרץ האָט איר געקלאַפּט פֿון אומרו און דערוואַרטונג. זי איז האַסטיק אַרײַנגעגאַנגען, די אויגן זענען איר געוואָרן לעבעדיק און די ליפּן האָבן געלאַכט.

פֿריידל איז געזעסן אויף דר׳ערד און האָט געפֿליקט אַ גרויסע פֿעטע גאַנדז. אין קיך איז געווען אַ ריח פֿון געשמאָרכאַץ און געבראָטנס, ציפּקי איז געבליבן שטיין ווי פֿאַרשיכורט.

- אַזוי ווי אויף אַ חתונה, פֿריידל! קיין עין־הרע.

- וואָס ווילט איר, ציפּקי?

ציפּקי האָט זיך דערשראָקן אומגעדרייט.

רייצקי איז געשטאַנען מיטן קאָכלעפֿל פֿאַרן פֿײַער און האָט אַרויסגעלייגט אין אַ טיפֿער שיסל ברוינע פֿעטע גריבענעס, דאָס שמאַלץ האָט געקאַפּעט פֿון אַלע זײַטן.

- אַוודאי יום־טובֿדיקער שמאַלץ? - האָט זיך ציפּקי צוגערוקט. - עס זאָל זײַן מיט ברכה.

- וואָס ביסטו געקומען, מאַמע?

פֿריידלס שטימע איז געווען בייז און אומצופֿרידן.

איך בעט אײַך, ציפּקי - האָט זיך רייצקי געגעבן אַ בייזער - איך קען נישט לײַדן, אַז עמעצער קומט אַרײַן בשעת איך פּרעגל שמאַלץ, עס איז נישט קיין הצלחה; איר וועט קומען אַן אַנדערט מאָל.

- איך וואָלט געוואָלט בעטן די קישקעלעך - האָט ציפּקי קוים אַרויסגערעדט צעמישט.

- די קישקעלעך האָב איך שוין צוגעזאָגט דער מילך־ייִדענע, אָט נעמט די פּאָר פֿיסלעך.

"May it count as a good deed for you," Tsipki thanked her. "God willing, may you live to repeat it next year."

"Then go now, go!" Freidel hurried her.

"I'm going, I'm going!" she moved closer to Freidel. "Here you are, Freidel! Two little apples from Shabbes, as sweet as sugar. Take them!"

"And I need them so badly!" Freidel retorted in fury.

"Take them, Freidel," Tsipki pleaded with her, and she set the apples down on the ground in front of Freidel.

Freidel hurled them into a bucket, her eyes flashing and her face burning. She got up and ran out of the kitchen.

Tsipki stood there frightened and worried. Her red eyes looked around in all directions.

"So go now, Tsipki! You'll come another time," Reitski shooed her out.

Tsipki went over to the bucket, took out the apples, wiped them on her dress and stashed them in her pocket.

"May you be well," she bid Reitski farewell, and with her head hanging, left the kitchen.

*   *   *

Potki came home angry and frozen. The bath mistress Keile had grabbed him in the middle of the street and wouldn't let him go until he consented to break up all the ice in the mikveh, which was frozen as hard and thick as the river in deepest winter. She had bound him by swearing an oath on Freidel's health, and he had to stand there half a day and hack away like a woodchopper. Consequently, he was very late to get a voucher for wood and by the time he came to Libele Mutz, all the vouchers had already been distributed, not one remained... Libele Mutz had done it to him out of spite; he is still taking revenge for the challah, such a dog!

Never mind, Potki too is no babe in the woods. Tomorrow, God willing, he'll raise a hue and cry in the synagogue such that the walls will ring...Why am I the worst one? The beggars and paupers from the poorhouse are preferable to me? Nothing is owed to me? Certainly I deserve ten times as much.

- זאָל אײַך זײַן צו מיצווה - האָט געדאַנקט ציפּקי; - דערלעבט אם־ירצה־השם איבער אַ יאָר ווידער.

- נו, גיי שוין, גיי! - האָט געיאָגט פֿריידל.

- איך גיי, איך גיי! - האָט זי זיך צוגערוקט צו איר - נאַ, פֿריידל! צוויי עפּעלעך פֿון שבת, זיסינקע אַזוי ווי צוקער, נאַ!

- איך באַדאַרף זיי גאָר נייטיק - האָט זיך פֿריידל געגעבן אַ וואָרף.

- נאַ, פֿריידל - האָט זיך געבעטן ציפּקי, און זי האָט די עפּעלעך אַנידערגעלייגט פֿאַר פֿריידלען אויף דר׳ערד.

פֿריידל האָט זיי געגעבן אַ שלײַדער צוריק אין שעפּל אַרײַן, אירע אויגן האָבן געבליצט, און דאָס פּנים האָט געברענט. זי האָט זיך אויפֿגעהויבן און אַרויסגעלאָפֿן פֿון קיך.

ציפּקי איז געבליבן שטיין דערשראָקן און פֿאַרזאָרגט. זי האָט געקוקט מיט די רויטע אייגעלעך אין אַלע זײַטן.

- גייט שוין, ציפּקי! איר וועט קומען אַן אַנדערט מאָל - האָט זי געיאָגט רייצקי.

זי איז צוגעגאַנגען צום שעפּל, אַרויסגענומען די עפּעלעך, אָפּגעווישט אָן קלייד, און באַהאַלטן אין קעשענע.

- זײַט מיר געזונט - האָט זי זיך געזעגנט, און איז מיט אַן אַראָפּגעלאָזענעם קאָפּ אַרויסגעגאַנגען פֿון קיך.

* * *

פּאָטקי איז אַהיימגעקומען בייז און געפֿראָרן. די בעדערקע קיילע האָט אים אָנגעכאַפּט אין מיטן גאַס און נישט אָפּגעלאָזט ביז ער האָט איר געמוזט אויסהאַקן דאָס גאַנצע אײַז אין מיקווה, וואָס איז געווען אַזוי שטאַרק און פֿעסט פֿאַרפֿראָרן, ווי אין גרעסטן פֿראָסט דער טײַך... זי האָט אים באַשוואָרן אויף פֿריידלס געזונט, און ער האָט געמוזט אַ האַלבן טאָג שטיין און האַקן אַזוי ווי אַ האָלץ־העקער. דעריבער האָט ער זיך גאָר פֿאַרשפּעטיקט צו די קוויטלעך אויף האָלץ, און בשעת ער איז געקומען צו ליב׳לע מוטץ, זענען שוין אַלע קוויטלעך געווען פֿאַרטיילט, נישט געבליבן קיין איינציקס... ליב׳לע מוטץ האָט עס אים געטאָן אויף צו להכעיס, ער איז זיך נאָך אַלץ נוקם פֿאַרן קוילעטש, אַזאַ הונט! נישקשה! פּאָטקי איז אויך נישט קיין ניונקעלע, מאָרגן אם־ירצה־השם מאַכט ער אַ געשריי אין שול, אַז עס וועט קלינגען... וואָס בין איך דער ערגסטער? די שלעפּערס, די אבֿיונים פֿון הקדש זענען בילכער ווי איך? מיר קומט נישט? אַוודאי קומט מיר צען מאָל אַזוי פֿיל.

Potki rubbed his hands and blew on his fingers. Another time in such a bitter cold, he would have gone into Libele Mutz's, just like that, and installed himself in front of the oven. Today Potki had cursed him out like a dog, as much abuse as he could heap on him... Rivele wanted to compromise with him: "Potki! Perhaps you'll chop up half a wagonload of wood? You could take an armful for yourself..." The hell with that! What am I, a woodchopper? It's such a good deal for me!

He squeezed himself into the corner between the oven and the wall... Never mind! Tomorrow they'll hear who Potki is!

He spread out his hands and pressed them very tightly against the oven, just as if he had wished, with all his strength, with all his desire, to extract some warmth, just a little bit.

Suddenly he gave a start, a quiver of joy. A smile appeared on his lips. His drawn-together brows relaxed... in his hands he held firmly onto the remains of a broken clay pot... this was his savings bank, his entire wealth, Freidel's dowry.

He sat down on the ground, poured the money into his lap, and counted, counted with love. Every two-kopeck coin, every groschen was his relative, his companion, his best friend. He knew all their markings, their oldness, their newness: this coin he had gotten on Hanukkah, that one at the penitential prayers, the third one on the eve of the Shabbes before Yom Kippur. Potki sat and look at the broken pot so deeply, with a look full of thoughts and affection, and the pot spoke to him, telling stories and promising hopes, jubilation and good fortune.

"God willing, I'll soon make a wedding for Freidel."

He gave a smile and his heart leapt for joy: a fine Jewish bridegroom.

"Mama isn't here?"

Freidel had opened the door and stood on the doorstep.

"Freidel!"

Potki jumped up and took her by the hand, the other hand holding firmly onto the pot.

"Come in, Freidel! Come!"

און פּאַטקי האָט זיך געריבן די הענט און געבלאָזן אין די פֿינגער. אַן אַנדערט מאָל וואָלט ער אין אַזאַ פֿראָסט אַרײַנגעגאַנגען צו ליב׳לע מוטץ גלאַט אַזוי, זיך אַנידערשטעלן פֿאַרן אויוון; הײַנט האָט ער אים אָנגעזידלט ווי אַ הונט, וויפֿל עס האָט נאָר געקענט אַרײַן...רבֿה׳לע האָט געוואָלט מאַכן אַ פשרה: – „פּאַטקי, אפֿשר וואָלט איר צעהאַקט אַ האַלבע פֿור האָלץ? וואָלט איר אָנגענומען אַן אָרעם פֿאַר זיך״...אַ שיינע, ריינע כפּרה! וואָס בין איך, אַ האָלץ־העקער? עס איז מיר גאָר כדאַי.

ער האָט זיך אַרײַנגעקוועטשט אין ווינקל, צווישן דעם אויוון און דער וואַנט...נישקשה! מאָרגן וועלן זיי שוין הערן ווער פּאַטקי איז!

ער האָט אויסגעשפּרייט די הענט און זיי געדריקט פֿעסט, פֿעסט אין אויוון אַרײַן, גלײַך ער וואָלט געוואָלט מיט זײַן גאַנצער קראַפֿט, מיט זײַן גאַנץ פֿאַרלאַנגען אַרויסקריגן עטוואָס וואַרעמקייט, אַ קליין ווייניק.

פּלוצלינג האָט ער געגעבן אַ צאַפּל, אַ פֿריילעך צאַפּל, אַ שמייכל האָט זיך באַוויזן אויף זײַנע ליפּן. די צוזאַמענגעצויגענע ברעמען האָבן זיך אויסגעלייגט... אין די הענט האָט ער געהאַלטן פֿעסט אַ צעבראָכענעם שאַרבן... דאָס איז געווען זײַן שפּאָרקאַסע, זײַן גאַנץ פֿאַרמעגן, פֿריידלס נדן.

ער האָט זיך אַנידערגעזעצט אויף דר׳ערד, דאָס געלט אויסגעשאָטן אויפֿן שויס, און האָט געציילט, געציילט מיט ליבשאַפֿט; יעדער צווייער, יעדער גראָשן איז געווען זײַן קרובֿ, זײַן פֿרײַנד, זײַן האַרצפֿרײַנד; ער האָט געקענט אַלע זייערע צייכנס, זייער אַלטקייט, זייער פֿרישקייט: די מטבע האָט ער באַקומען חנוכּה, יענע בײַ די סליחות, די דריטע ערבֿ שבת תּשובֿה, און פּאַטקי איז געזעסן און האָט אָנגעקוקט דעם שאַרבן טיף, טיף, מיט אַ בליק פֿול געדאַנקען און ליבשאַפֿט, און דער שאַרבן האָט צו אים גערעדט און דערציילט געשיכטעס און צוגעזאָגט האָפֿענונגען, גדולה, און מזל.

– איך וועל פֿריידלען אם־ירצה־השם אין גיכן חתונה מאַכן.

ער האָט אַ שמייכל געטאָן, דאָס האַרץ האָט אין אים געשפּרונגען פֿון פֿרייד: אַ שיינעם יידישן חתן.

– די מאַמע איז נישט דאָ?

פֿריידל האָט אויפֿגעמאַכט די טיר און איז געבליבן שטיין אויפֿן שוועל.

– פֿריידל!

פּאָטקי האָט זיך אַ כאַפּ געטאָן, ער האָט זי גענומען בײַ דער האַנט, אין דער אַנדערער האַנט האָט ער געהאַלטן פֿעסט דעם שאַרבן.

– קום אַרײַן, פֿריידל! קום.

"I don't have time," she hesitated. "Madam sent me to tell Mama to come; she has some feathers for her to pluck. I have to go."

"So what! There's no fire, God forbid. The 'Madam,' she's not my worry – let her suffer. With God's help, you yourself will soon be mistress of your own home."

She gazed at him with wide-open eyes, with a bitter smile on her lips.

"Freidel! Do you want to see? This is for you; this is your dowry."

He uncovered the pot and pushed it nearer to her, right before her eyes, his face smiling. She stood pale as the wall, her teeth clenched. Her eyes sparked with fury.

"Let me go!" she turned away from him.

"Here, look, don't be ashamed. All this is for you, for a bride-groom ... yes, Freidel! I will give you a bridegroom, one that will make the other girls burst: a successful lad, a scholar ... I'll give you both room and board."

A shudder ran through her entire body, and then suddenly laughter shot out of her, hoarse, anguished, broken.

"Certainly, Potki's girl, straight out of the poorhouse, whose father goes from house to house collecting donations, for her a fine match!"

She covered her face with her hands and burst into tears.

Potki stood as if petrified with his eyes staring, his right hand still firmly clenching the broken pot.

"Are you crazy," he looked at her, "or what, what the hell?"

"Yes, crazy," she sobbed. "Of course! When you come in the house for the two groschen, I die, I expire from shame. I'm ashamed in front of the master, in front of the mistress...."

Her words tore at Potki's heart. His face became as dark as night; his brows drew together.

"Not an honor for you? Well, drop dead."

Breathing heavily, he kicked the wall with his foot.

"Would that it were so! Would that it were so!" she raised her eyes to heaven. "Would that I was lying in the ground."

- איך האָב נישט קיין צײַט - האָט זי זיך געווייגערט: - די מאַדאַם האָט מיך געשיקט, די מאַמע זאָל קומען, זי האָט איר צו געבן פֿעדערן צו פֿליקן; איך מוז גיין.

- נו, וואָס! עס ברענט חלילה נישט, די מאַדאַם... אַ דאגה, לאָז זי אויסגעריסן ווערן, מיט גאָטס הילף וועסטו אין גיכן אַליין זײַן אַ בעל־הביתטע.

זי האָט אים אָנגעקוקט מיט ווײַט אויפֿגעריסענע אויגן, מיט אַ ביטערן שמייכל אַרום די ליפּן.

- פֿריידל! ווילסט זען? דאָס איז פֿאַר דיר, דאָס באַקומסטו נדן.

ער האָט אויפֿגעדעקט דעם שאַרבן און האָט אים איר צוגערוקט נאָענט, נאָענט פֿאַר די אויגן, מיט אַ שמייכלדיקן פּנים.

זי איז געשטאַנען בלייך ווי די וואַנט, מיט פֿאַרביסענע ליפּן. די אויגן האָבן איר בייז געפֿינקלט.

- לאָז מיך אָפּ - האָט זי זיך אָפּגעדרייט פֿון אים.

- נאַ, קוק, שעם דיך נישט, דאָס אַלץ איז פֿאַר דיר, פֿאַר אַ חתן... יאָ, פֿריידע! איך וועל דיר געבן אַ חתן, אַז אַלע מיידלעך וועלן צעפּלאַצט ווערן: אַ געראָטענער יונג, אַ לערנקינד... איך וועל אײַך געבן קעסט.

זי האָט אין גאַנצן אַ ציטער געטאָן און פּלוצלינג אַרויסגעשאָסן מיט אַ געלעכטער, הייזעריק, געקלעמפּט, געבראָכן.

- אַוודאי פּאָטקיס מיידל פֿון הקדש אַרויס, וואָס דער טאַטע אירער גייט אין די הײַזער, אַ שיינער שידוך!

זי האָט זיך פֿאַרדעקט דעם פּנים מיט די הענט און האָט זיך פֿונאַנדערגעוויינט.

פּאָטקי איז געבליבן שטיין ווי פֿאַרשטיינערט, מיט ווײַט אויפֿגעריסענע אויגן, דעם שאַרבן האָט ער נאָך אַלץ פֿעסט געדריקט אין דער רעכטער האַנט.

ביסט משוגע - האָט ער זי אָנגעקוקט - אָדער וואָס, צו אַלע גוטע יאָר?

- יאָ, משוגע - האָט זי געשלוכצט - אַוודאי! אַז דו קומסט אַרײַן נאָכן צווייער, ווער איך טויט, איך פֿאַרגיי פֿאַר בושה, איך שעם זיך פֿאַרן בעל־הבית, פֿאַר דער בעל־הביתטע....

פּאָטקין האָבן אירע ווערטער אַ ריס געטאָן אין האַרצן, זײַן פּנים איז געוואָרן פֿינצטער ווי די נאַכט, די ברעמען צוזאַמענגעצויגן.

- נישט קיין כּבֿוד דיר? נו, גיי אין דר'ערד.

ער האָט געסאַפּעט, מיטן פֿוס האָט ער געגעבן אַ קלאַפּ אין וואַנט אַרײַן.

- הלוואַי! הלוואַי! - האָט זי געהויבן די אויגן צום הימל. - הלוואַי זאָל איך ליגן אין דר'ערד.

His face grew even darker. He stared at her fixedly, frightened, trembling.

"If only it were so, Master of the Universe!" and she ran out the door.

Potki walked over to the coal box, hid the pot, and again stood there to warm himself. He pressed himself so hard against the oven that the bricks started rustling and large pieces of lime began to tear off, one after the other.

*   *   *

It was already very late when Tsipki came home. Shaking from cold, she opened the door.

"Potki!" she called, "Potki!"

"Well?"

"Go, ask for a few hot coals; I'll cook us something warm. Reitski gave me a couple of eggs. Look! She says that people make them filled!"

"You should both drop dead together!"

She flinched; Potki had never cursed her before, not since from the day they were married.

He slammed his clenched fist against the wall.

"Me, from the poorhouse? I have letters from rabbis, I will show them!" And furiously, he slammed the door.

SALOMEA PERL
Der yud
Number 5, 6
31 January and 7 February, 1901